LA VIRGEN MADRE

VOLE·TAN·ALTO·TAN·ALTO·QUE LE·DI·A·LA·CAZA·ALCANCE
VOLE·TAN·ALTO·TAN·ALTO·QUE LE·DI·A·LA·CAZA·ALCANCE

SAN BERNARDO

LA VIRGEN MADRE

Tercera edición

EDICIONES RIALP
MADRID

Preimpresión: www.produccioneditorial.com

ISBN (edición impresa): 978-84-321-7350-9
ISBN (edición digital): 978-84-321-7351-6
ISBN (edición bajo demanda): 978-84-321-7352-3
ISNI: 0000 0001 0725 313X
Depósito legal: M-2345-2026

Impreso en España   *Printed in Spain*

Anzos, S. L., Fuenlabrada (Madrid)

ÍNDICE

PRESENTACIÓN

Fue Bernardo de Claraval el hombre tal vez más traspasado de amor y espíritu de su tiempo. Él llena todo un siglo —el xii— de la historia de la Iglesia, que algunos han llamado "el siglo de Bernardo". La razón de que este humilde monje del Cister fuese nada menos que san Bernardo es la misma que hizo también que Simón bar Yona fuese san Pedro; Saulo de Tarso, san Pablo; Teresa de Ahumada, santa Teresa...: la vida de unión con Dios, el Espíritu Santo habitando en un alma generosa, entregada, sincera, recia. La portentosa actividad externa de Bernardo fue posible gracias a su igualmente intensa actividad interior. Es un caso elocuente —parecido al de Teresa o Pablo— de cómo las almas hondas, sinceramente contemplativas, suelen ser al mismo tiempo las más eficazmente activas en la propagación del Reino de Dios.

San Bernardo ha impreso un fuerte trazo en la historia de la espiritualidad cristiana. Como ha dicho un autor de nuestros días, «Bernardo hizo vibrar una nota nueva, llena de esperanza, en la espiritualidad medieval. No es exagerado decir que fue la fuente de esa corriente de bondad y alegría que en Francisco de Asís habría de convertirse en *un río que con sus brazos alegra la ciudad de Dios*» (Ps. XLV, 5).

Los sermones y homilías de san Bernardo sobre la Virgen tienen una significación especial en la historia literaria de la espiritualidad cristiana; podría decirse que antes de san Bernardo no existe propiamente Mariología; después de él, en cambio, la hay, ciertamente. Y no es que el Santo Abad haya escrito realmente unos tratados, no. Él, simplemente, canta a "Nuestra Señora", canta sus virtudes, sus privilegios y prerrogativas, su maternidad divina, sus funciones en la economía divina de la salvación del hombre... Bernardo canta a la Virgen, y entre las notas de su música —verdaderamente polifónica y grandiosa— se engarzan las palabras de un poema, que es también doctrina sustanciosa, clara y limpia, que lleva en sí todas las esencias de la tradición cristiana acerca de María y la fina sal y pimienta de las experiencias personales del Santo Abad.

Es por esto por lo que es llamado comúnmente el Doctor de María; no a causa de la multitud de sus escritos sobre la Santísima Virgen —que fueron, relativamente, pocos—, sino, sobre todo, por la tierna unción con que supo escribir de Ella. En efecto, de los 340 sermones que aproximadamente conservamos de él, solo unos quince tratan directamente de Santa María, y otros tantos más indirectamente, al hablar de los misterios del nacimiento de Nuestro Señor. En este aspecto de la Mariología, san Bernardo se nos muestra realmente también como el último Padre de la Iglesia en orden cronológico; él recoge y sintetiza fielmente la tradición de diez siglos de devoción mariana.

Hay en los escritos de Bernardo una dulzura delicada, nada empalagosa, que le ha valido el título de *Doctor Melifluo*. Pero «no vayamos a confundir la dulzura de un san Bernardo con el sentimentalismo insípido y de mal gusto de una piedad que no es auténtica... La dulzura de Bernardo es límpida y clara, pues no para mientes en ella ni se detiene a considerarla... Ni siquiera brota de una fuente escondida en la persona de Bernardo; es más bien la plenitud de la bondad, de la misericordia y de la caridad siempre desbordantes de Dios». San Bernardo fue un celoso servidor de María, su «caballero», como ha podido llamarle la posteridad. Él contribuyó como nadie al desarrollo del culto mariano en la Edad Media, y la piedad cristiana le debe el hermoso título de Nuestra Señora, con que desde entonces llamamos a la Virgen Santísima. Aquí tienes, querido lector, los sermones y homilías de san Bernardo acerca de la Virgen Nuestra Señora. La colección Neblí te los ha querido ofrecer en tu lengua nativa, según la espléndida y ya clásica traducción del P. Adriano de Huerta, cistercense, que la compuso devotamente hace unos dos siglos. Solo han sido hechos pocos y ligeros retoques.

Quizá nadie haya escrito mejor de María, que Bernardo. La Iglesia ha incorporado muchos pasajes de sus sermones a las lecciones del Breviario romano para cantar a Nuestra Señora en sus festividades. Como el autor de la *Divina Comedia*, encontremos en Bernardo —el último de los Padres— un guía seguro que nos conduzca hasta María, la Virgen Madre; porque nosotros sabemos, como sabía el Dante, que la *Angélica Reina* acoge siempre bien a su "fiel Bernardo".

J. M.ª C.

CRONOLOGÍA
DE SAN BERNARDO

1090.—Nace en Fontaines (Borgoña).

1112.—Entra con otros treinta jóvenes de la nobleza de Borgoña en el recién fundado monasterio del Císter.

1115.—Es enviado a fundar un nuevo monasterio en el Valle del Absintio, que él llamó Clairvaux (Claraval), Valle Claro.

1119.—Calixto II confirma las constituciones que por obra de san Bernardo devolvían la observancia monacal a su primitiva pureza.

1128.—Es secretario del Concilio de Troyes.

1130.—En el concilio nacional de este año, al que fue llamado por el rey y los obispos, combate al antipapa Anacleto.

1132, 1134, 1137.—Viajes a Italia encaminados a apoyar a Inocencio II contra Anacleto.

1139.—Asiste al Segundo Concilio Universal de Letrán.

1139.—Escribe a Abelardo para que se retracte de sus errores racionalistas, condenados luego por el Concilio de Sens.

1146.—Por encargo del papa Eugenio III predica la Cruzada en Vézelay, y es tal el entusiasmo de la muchedumbre que se ve obligado a hacer cruces con tiras rasgadas de su hábito para que las vistan los nuevos cruzados.

20 de agosto de 1153.—Muere en Claraval.

1174.—Es canonizado por Alejandro III.

SOBRE LA EXCELENCIA
DE LA VIRGEN MADRE[1]

Sobre las palabras del Evangelio:
«Fue enviado el ángel Gabriel», etc.
(Lc. I, 26-38).

PRÓLOGO

Aunque me impelía la devoción a tomar la pluma, las muchas ocupaciones me lo estorbaban. Sin embargo, ya que, impedido por mis achaques[2] no puedo al presente seguir con mis hermanos los ejercicios monásticos, este poquito de ocio que, aunque sea quitándolo del sueño, me dejan tomar por las noches, no quisiera pasarlo ociosamente. Quiero, pues, hacer prueba de emprender antes de todo una obra que muchas veces me ha venido al pensamiento; que es escribir las excelencias de la Virgen Madre, sobre la lección del Evangelio de san Lucas en que se contiene la historia de la anunciación del

---

[1] P[atrología, series] L[atina] (ed. de MIGNE, vol. CLXXXIII, columnas 55-58).
[2] Se refiere aquí el santo a la enfermedad grave y prolongada de que fue víctima a raíz de su elección como abad de Claraval.

Señor. Y, aunque a la empresa de esta obra ni me obligue alguna necesidad de mis hermanos (en cuyos aprovechamientos estoy precisado a emplearme) ni me mueva alguna utilidad suya, con todo eso, siempre que ella no me impida estar pronto a acudir a cuanto necesiten, no me parece que deben llevar a mal que satisfaga en esto a mi propia devoción.

1

[3]1. ¿Qué fin tendría el evangelista en expresar con tanta distinción los propios nombres de tantas cosas en este lugar? Yo creo que pretendía con esto que oyésemos con negligencia nosotros lo que él con tanta exactitud procuraba referir. Nombra, pues, el nuncio que es enviado, el Señor por quien es enviado, la Virgen a quien es enviado, el esposo también de la Virgen, señalando con sus propios nombres el linaje de ambos, la ciudad y la región. ¿Para qué todo esto? ¿Piensas tú que alguna de estas cosas esté puesta aquí superfluamente? De ninguna manera; porque si no cae una hoja del árbol sin causa, ni cae en la tierra un pájaro sin la voluntad del Padre celestial, ¿podría yo juzgar que de la boca del santo evangelista saliese una palabra superflua, especialmente en la sagrada historia del que es Palabra de Dios? No lo pienso así: todas

---

[3] *PL.* CLXXXIII, 55.

están llenas de soberanos misterios y cada una rebosa en celestial dulzura; pero esto es si tienen quien las considere con diligencia y sepa chupar miel de la piedra y aceite del peñasco durísimo[4]. Verdaderamente en aquel día destilaron dulzura los montes y manó leche y miel de los collados, cuando, enviando su rocío desde lo alto de los cielos y haciendo las nubes descender al Justo[5] como una lluvia, se abrió la tierra alegre y brotó de ella el Salvador; cuando, derramando el Señor su bendición y dando nuestra tierra su fruto, sobre aquel monte que se eleva sobre todos los montes, monte fértil y pingüe, salieron a encontrarse mutuamente la misericordia y la verdad y se besaron la paz y la justicia[6]. En aquel tiempo también en que este no pequeño monte entre los demás montes, este bienaventurado evangelista, digo, escribió con estilo dulcísimo el principio de nuestra salud, tan deseado de nosotros, como que, soplando el austro y rayando el sol de justicia más de cerca, se difundieron de él algunos espirituales aromas. Y ojalá que ahora envíe Dios su palabra y los derrita; ojalá que sople su espíritu y se hagan inteligibles para nosotros las palabras evangélicas, se hagan en nuestros corazones más estimables que el oro y las piedras más preciosas, se hagan más dulces que la miel y el panal.

---

[4] *Ioel* III, 9.
[5] *Is.* XLV, 8.
[6] *Ps.* LXXXIV, 11.

2. Dice, pues: *Fue enviado el ángel Gabriel por Dios.* No juzgo que este ángel sea de los menores, quienes suelen ser enviados por cualquier causa con embajadas a la tierra; lo cual se deja entender claramente en su mismo nombre, que significa *fortaleza de Dios*; y también porque no se dice que haya sido enviado (como acostumbra hacerse entre los ángeles) por algún otro espíritu más excelente que él, sino por el mismo Dios. Por eso se expresó en el Evangelio que *fue enviado por Dios*; o quizá por eso se dijo *por Dios*, para que no se piense que reveló Dios su designio acerca de la encarnación aun a alguno de sus bienaventurados espíritus antes que a la Virgen, exceptuando solamente el arcángel san Gabriel; el cual sin duda tuvo tanta excelencia entre los suyos que fue reputado digno de tal nombre y de tal embajada. Ni deja de haber mucha proporción entre el oficio de nuncio y el nombre del ángel. Porque a Cristo, que es la virtud de Dios, ¿quién mejor le podía anunciar que este espíritu, a quien ilustra un nombre semejante? Pues ¿qué otra cosa es fortaleza, sino virtud? Ni parezca indecente o impropio que el Señor y el nuncio se nombren de un mismo modo, cuando la causa de llamarse ambos con semejante nombre no es semejante en ambos. De un modo se llama Cristo fortaleza o virtud de Dios y de otro modo muy diferente el ángel; el ángel solo por denominación, pero Cristo substancialmente también. Cristo se llama y es virtud

de Dios, que viniendo con mayores fuerzas contra aquel fuerte armado que solía guardar en paz el atrio de su casa, le venció con su propio brazo; y así le quitó valerosamente todas las alhajas que en otro tiempo había hecho cautivas. El ángel san Gabriel es llamado fortaleza de Dios o por haber merecido la prerrogativa de ser encargado de anunciar la venida de la misma fortaleza, o porque debía confortar a una virgen naturalmente tímida, sencilla, vergonzosa, para que no la sorprendiese el pavor a la novedad de tan grande milagro; lo cual hizo él diciéndole: *No temas, María; has hallado gracia a los ojos de Dios.* Tampoco quizá será fuerza de razón creer que este mismo ángel fue quien confortó y libró de sus dudas a su esposo, varón ciertamente humilde y timorato, aunque no se nombre entonces por el evangelista. *José, dijo, hijo de David, no temas recibir a María por tu esposa.* Oportunamente, pues, es elegido san Gabriel para este negocio; o, más bien, por encargarse a él negocio semejante, se distingue justamente con tal nombre.

3. *Fue enviado,* pues, *el ángel Gabriel por Dios.* ¿Adónde? *A una ciudad de Galilea, cuyo nombre era Nazaret.* Veamos si (como dice Natanael) puede salir de Nazaret algo que sea bueno. A mí se me representan como una simiente del conocimiento de Dios, echada desde el cielo a la tierra, las revelaciones y promesas hechas a los padres Abraham, Isaac y Jacob; simiente de la cual está escrito: *Si el*

Señor de los ejércitos no nos hubiera dejado la simiente, hubiéramos sido como Sodoma y seríamos semejantes a Gomorra[7]. Floreció esta simiente en las maravillas que se mostraron en la salida del pueblo de Israel de Egipto, en las figuras y enigmas misteriosos por todo el camino en el desierto hasta la tierra de promisión y, después, en las visiones y vaticinios de los profetas, en la ordenación también del reino y del sacerdocio hasta Cristo. Pero no sin razón se entiende ser Cristo el fruto de esta simiente y de estas flores, diciendo David: *Derramará Dios su bendición y nuestra tierra dará su fruto*[8]; y otra vez: *Del fruto de tu vientre pondré sobre tu silla*[9]. En Nazaret, pues, se anuncia que Cristo ha de nacer, porque en la flor se expresa el fruto que ha de venir; pero en saliendo el fruto se cae la flor, porque, apareciendo la verdad en la carne, pasó la figura. Por lo cual también Nazaret se dice ciudad de Galilea, esto es, de la transmigración; porque, naciendo Cristo, pasaron todas aquellas cosas que arriba conté; las cuales, como dice el apóstol: *Les sucedían a ellos en figura*[10]. También nosotros, que tenemos ya el fruto, hemos dejado atrás estas flores; que, aun cuando estaban en su belleza, se previó que habían de pasar. Por lo

---

[7] *Is.* I, 9.
[8] *Ps.* LXXXIV, 13.
[9] *Ps.* CXXXI, 18
[10] *Cor.* X, 11.

que dijo David: *En la mañana como la yerba pase, en la mañana florezca y pase; en la tarde caiga, se endurezca y se seque*[11]. *En la tarde*, pues, esto es, cuando vino la plenitud del tiempo, en que envió Dios a su Unigénito, hecho de una mujer, hecho bajo la ley[12], diciendo el mismo: *Mira que hago nuevas todas las cosas*[13], las viejas pasaron y desaparecieron, así como al romper el fruto, se caen y se secan las flores. Sobre lo cual se halla también escrito: *Se secó el heno y cayó la flor; pero la palabra de Dios queda para siempre*[14]. Creo que no dudas que la palabra es el fruto; pues la Palabra es Cristo.

4. Buen fruto es Cristo, que permanece para siempre. ¿Pero dónde está el heno que se secó? ¿Dónde la flor que se cayó? Responda el profeta: *Toda carne es heno y toda su gloria como la flor del heno*[15]. Si toda carne es heno, luego aquel pueblo carnal de los judíos se secó como el heno. ¿Por ventura no se secó como el heno cuando el mismo pueblo, vacío de todo jugo del espíritu, se pegó tenazmente a la letra seca? ¿No cayó también la flor cuando aquella gloria que tenían en la ley desapareció para siempre? Si no cayó la flor, ¿en dónde está el reino, en dónde el sacerdocio, en dónde los

---

[11] *Ps*. LXXXIX, 6.
[12] *Gal*. IV. 4.
[13] *Apoc*. XXI, 5.
[14] *Is*. XL, 8.
[15] *Is*. XL, 6.

profetas, en dónde el templo, en dónde aquellas grandezas de que solían gloriarse y decir: *¡Cuántas cosas hemos oído y conocido y nuestros padres nos han contado!*[16]. Y también: *¡Cuántas cosas mandó a nuestros padres que hiciesen manifiestas a sus hijos!* Y esto se ha dicho para exponer aquellas palabras *a Nazaret, ciudad de Galilea.*

5. A esta ciudad, pues, fue enviado el ángel Gabriel por Dios. ¿A quién? *A una virgen desposada con un varón, cuyo nombre era José.* ¿Qué virgen es esta tan respetable que un ángel la saluda? ¿Tan humilde, que está desposada con un artesano? Hermosa es la mezcla de la virginidad y de la humildad; y no poco agrada a Dios aquella alma en quien la humildad engrandece a la virginidad y la virginidad adorna a la humildad. Pero ¿de cuánta veneración, te parece, que será digna aquella cuya humildad engrandece la fecundidad y cuyo parto consagra la virginidad? Oyes hablar de una virgen, oyes hablar de una humildad; si no puedes imitar la virginidad de la humilde, imita la humildad de la virgen. Loable virtud es la virginidad, pero más necesaria es la humildad: aquella se nos aconseja, esta nos la mandan; te convidan a aquella, a esta te obligan. De aquella se dice: *El que la puede guardar, guárdela*[17]; de esta se dice: *El que no se haga como este párvulo,*

---

[16] *Ps.* LXXVII, 3 y 5.
[17] *Mt.* XIX, 12.

no entrará en el reino de los cielos[18]. De modo que aquella se premia, como sacrificio voluntario; esta se exige, como servicio obligatorio. En fin, puedes salvarte sin la virginidad, pero no sin la humildad. Puede agradar la humildad que llora la virginidad perdida; pero sin humildad (me atrevo a decirlo) ni aun la virginidad de María hubiera agradado a Dios. *¿Sobre quién descansará mi espíritu,* dice el Señor, *sino sobre el humilde y manso?* Sobre el humilde, dice, no sobre el que es virgen. Con que si María no fuera humilde, no reposara sobre ella el Espíritu Santo; y, si no reposara sobre ella, no concibiera por virtud de Él. Porque, ¿cómo pudiera concebir de Él sin Él? Es claro, pues, que para que de Él hubiese de concebir, como ella dice: *Miró el Señor a la humildad de su sierva*[19] mucho más que a la virginidad; y, aunque por la virginidad agradó a Dios, con todo eso, concibió por la humildad. De donde consta que la humildad fue la que hizo agradable su virginidad también.

6. ¿Qué dices, virgen soberbia? María, olvidada de que es virgen, se gloría de la humildad, y tú, menospreciando la humildad, ¿te glorías en tu virginidad? *Miró,* dice ella, *a la humildad de su sierva el Señor.* ¿Quién es ella? Una virgen santa, una virgen pura, una virgen devota. ¿Por ventura eres tú más

---

[18] *Mt.* XVIII, 3.
[19] *Lc.* L, 48.

casto que ella? ¿O más devoto? ¿O será tu castidad más agradable a Dios que la de María, para que puedas tú sin humildad agradarle con la tuya, no habiéndole ella, sin esta virtud, agradado con la suya? Finalmente, cuanto más digno de honor eres por el don singular de la castidad, tanto mayor injuria te haces a ti mismo, afeando en ti la hermosura de ella con la mezcla de tu soberbia; y mejor te estaría no ser virgen que hacerte soberbio por la virginidad. No es de todos la virginidad, ciertamente, pero es de muchos menos todavía la humildad acompañada de la virginidad. Pues, si no puedes más que admirar la virginidad de María, procura imitar su humildad, y te basta. Pero si eres virgen y al mismo tiempo humilde, grande eres, cualquiera que seas.

7. Con todo eso, hay en María otra cosa mayor de que te admires, que es la fecundidad junto con la virginidad. Jamás se oyó en los siglos que una mujer fuese madre y virgen juntamente. O si también consideras de quién es madre, ¿adónde te llevará tu admiración sobre su admirable excelencia? ¿Acaso no te llevará hasta llegar a persuadirte que ni admirarlo puedes como merece? ¿Acaso a tu juicio o, más bien, al juicio de la verdad, no será digna de ser ensalzada sobre todos los coros de los ángeles la que tuvo a Dios por hijo suyo? ¿No es María la que confiadamente llama al Dios y Señor de los ángeles hijo suyo, diciéndole: *Hijo, ¿cómo has*

hecho esto con nosotros?[20]. ¿Quién de los ángeles se atrevería a esto? Es bastante para ellos y tienen por cosa grande que, siendo espíritus por su creación, han sido hechos y llamados ángeles por gracia, testificando David: *El Señor es quien hace ángeles suyos a los espíritus*[21]. Pero María, reconociéndose madre de aquella Majestad a quien ellos sirven con reverencia, le llama confiadamente hijo suyo. Ni se desdeña Dios de ser llamado lo que se dignó ser; pues poco después añade el evangelista: *Y estaba sujeto a ellos*. ¿Quién?, ¿a quiénes? Dios a los hombres. Dios, repito, a quien están sujetos los ángeles, a quien los principados y potestades obedecen, estaba obediente a María, ni solo a María, sino a José por María. Maravíllate de estas dos cosas, y mira cuál es de mayor admiración, si la benignísima dignación del Hijo o la excelentísima dignidad de tal Madre. De ambas partes está el pasmo, de ambas el prodigio: que Dios obedezca a una mujer, humildad es sin ejemplo, y que una mujer tenga autoridad para mandar a Dios, es excelencia sin igual. En alabanza de las vírgenes se canta como cosa singular *que siguen al Cordero a cualquier parte que vaya*[22]. ¿Pues de qué alabanzas juzgarás digna a la que también va delante y el Cordero la sigue?

---

[20] *Lc.* III, *48*.
[21] *Ps.* CIII, 4.
[22] *Apoc.* XIV, 4

8. Aprende, hombre, a obedecer; aprende, tierra, a sujetarte; aprende, polvo, a observar la voluntad del superior. De tu Autor habla el evangelista y dice: *Y estaba sujeto a ellos*; sin duda a María y a José. Avergüénzate, soberbia ceniza: Dios se humilla, ¿y tú te ensalzas? Dios se sujeta a los hombres, ¿y tú, anhelando dominar a los hombres, te prefieres a tu Autor? Ojalá que a mí, si llego a tener tales pensamientos, se digne Dios responderme lo que respondió también a su apóstol reprendiéndole: *Apártate detrás de mí, Satanás, porque no tienes gusto de las cosas que son de Dios.* Puesto que, cuantas veces deseo mandar a los hombres, tantas pretendo ir delante de mi Dios; y entonces verdaderamente ni tengo gusto ni estimación de las cosas que son de Dios, porque del mismo se dijo: *Y estaba sujeto a ellos.* Si te desdeñas, hombre, de imitar el ejemplo de los hombres, a lo menos no puedes reputar por cosa indecorosa para ti el seguir a tu Autor. Si no puedes seguirle a todas partes adonde Él vaya, síguele al menos con gusto adonde por ti bajó. Quiero decir: si no puedes subir a la altura de la virginidad, sigue siquiera a tu Dios por el camino segurísimo de la humildad, de la cual, si las vírgenes mismas se apartan, ya no seguirán al Cordero en todos sus caminos. Sigue al Cordero el humilde que se manchó; le sigue el virgen soberbio también; pero ni el uno ni el otro a cualquiera parte que vaya[23]; pues ni aquel puede subir a

---

[23] *Mt.* XVI, 23.

la limpieza del Cordero, que no tiene mancha, ni este se digna bajar a la mansedumbre de quien enmudeció paciente, no delante de quien le esquilaba, sino delante de quien le mataba. Sin embargo, más saludable modo de seguirle eligió el pecador en la humildad que el soberbio en la virginidad; pues purifica la humilde satisfacción de aquel su inmundicia, cuando mancha la castidad de este su soberbia.

9. Dichosa en todo María, a quien ni faltó la humildad ni la virginidad. Singular virginidad la suya, que no violó, sino que honró la fecundidad; no menos ilustre humildad, que no disminuyó, sino que engrandeció su fecunda virginidad; y enteramente incomparable fecundidad, que la virginidad y humildad juntas acompañan. ¿Cuál de estas cosas no es admirable? ¿Cuál no es incomparable? ¿Cuál no es singular? Maravilla será si, ponderándolas, no dudas cuál juzgarás más digna de tu admiración; es decir, si será más estupenda la fecundidad en una virgen o la integridad en una madre; su dignidad por el fruto de su castísimo seno o su humildad con dignidad tan grande; sino que ya, sin duda, a cada una de estas cosas se deben preferir todas juntas, y es incomparablemente más excelencia y más dicha haberlas tenido todas que precisamente algunas. ¿Y qué maravilla que Dios, a quien leemos y vemos admirable en sus santos, se haya mostrado más maravilloso en su Madre? Venerad, pues, los que os halláis en estado de matrimonio, la integridad

y pureza del cuerpo en el cuerpo mortal; admirad también vosotras, vírgenes sagradas, la fecundidad de una virgen; imitad, hombres todos, la humildad de la Madre de Dios; honrad, ángeles santos, a la Madre de vuestro Rey, vosotros que adoráis al Hijo de nuestra Virgen, nuestro Rey y vuestro juntamente, reparador de nuestro linaje y restaurador de vuestra ciudad. A cuya dignidad, pues entre vosotros es tan sublime y tan humilde entre nosotros, sea dada, por vosotros igualmente que por nosotros, la reverencia que se le debe; y a su dignación, el honor y la gloria por todos los siglos. Amén.

2

[24] 1. Que aquel nuevo cántico, que solo se concederá a las vírgenes cantar en el reino de Dios, le cantará también la reina de las vírgenes con ellas, o, más bien, la primera de ellas, nadie lo duda. Pero yo juzgo que, a más de aquel cantar que (como he dicho) le será común con todas, aunque con solas las vírgenes, alegrará también con otros más dulces y más hermosos versos la ciudad de Dios, cuyas suavísimas y armoniosas voces y melodía ninguna, aun de las mismas vírgenes, será digna de componer o imitar; porque con razón será prerrogativa suya

---

[24] *Pl* CLXXXM, 61.

cantarlos sola, cuando ella sola se gloría del parto, y parto divino. Se gloría, he dicho, del parto, no en sí misma, sino en el Señor a quien dio a luz. Verdaderamente, Dios (pues es Dios a quien dio a luz), habiendo de dar a su Madre en el cielo una gloria singular, procuró prevenirla en la tierra con singular gracia, por la cual inefablemente concibiese intacta y diera a luz incorrupta. A la majestad de Dios convenía que no naciese sino de la Virgen, y a la Virgen convenía que no diera a luz a otro que a Dios. Así, el hacedor de los hombres, para hacerse hombre, siendo preciso nacer de una mujer, a aquella entre todas debía escoger o, más bien, formar para Madre suya, que conocía era decente a Él, y sabía que le había de agradar. Por tanto, quiso que fuese virgen para salir de una Madre purísima el que es infinitamente puro y que venía a limpiar las manchas de todos; quiso que fuese humilde, para salir de una Madre tal, el que es manso y humilde de corazón, a fin de mostrarnos en sí mismo el necesario y saludable ejemplo de todas estas virtudes. Dio, pues, a la Virgen parto el mismo Señor que la había inspirado el voto de virginidad y la había enriquecido antes igualmente con el mérito de la humildad. De otra suerte, ¿cómo diría el ángel después que estaba llena de gracia, si tuviera algo bueno que no procediese de la gracia?

2. Para que fuese, pues, la que había de concebir y dar a luz al Santo de los santos, santa en el cuerpo, recibió el don de la virginidad; para que fuese

también santa en el alma, recibió el de la humildad. Adornada de estas preciosas piedras la Virgen regia, resplandeciendo con la doble belleza de cuerpo y alma, conocida por su agrado y hermosura en los cielos, se llevó la atención de todos sus ciudadanos, de suerte que inclinó hasta el ánimo del Rey a desearla y sacó al nuncio celestial de las alturas. Y esto es lo que el evangelista nos insinúa aquí cuando muestra al ángel enviado por Dios a la Virgen. *Por Dios, dice, a la Virgen*; esto es, por el Altísimo, a la humilde; por el Señor, a la sierva; por el Criador, a la criatura. ¡Qué dignación tan grande de Dios! ¡Qué excelencia tan grande de la Virgen! Corred, madres; corred, hijas; corred todas las que, después de Eva y por Eva, os acercáis al alumbramiento con tristeza y dais a luz con dolor. Llegaos al tálamo virginal; entrad, si podéis, en el casto aposento de vuestra hermana. Ea, ya envía Dios su nuncio a la Virgen; ea, ya el ángel la habla; aplicad el oído a la pared, escuchad su embajada, por si acaso oís de que os podáis consolar.

3. Alégrate, Adán, padre nuestro; y tú, Eva, madre nuestra, llénate de gozo; vosotros mismos, que así como fuisteis padres de todos, así fuisteis de todos homicidas, y, lo que es mayor desgracia, primero homicidas que padres, consolaos con esta hija, y tal hija; pero alégrese Eva principalmente, pues de ella primero nació el mal, y su oprobio pasó a todas las mujeres. Porque ya está cerca el tiempo

en que se quitará el oprobio, ni tendrá ya de qué quejarse contra la mujer el hombre; el cual, pretendiendo excusarse imprudentemente a sí mismo, no dudó acusarla cruelmente diciendo: *La mujer que me diste me dio del fruto del árbol, y comí*[25]. Así, corre, Eva, a María, corre a tu Hija; ella responderá por ti, quitará tu oprobio, dará satisfacción a su Padre por su Madre; pues ha dispuesto Dios que, ya que el hombre no cayó sino por una mujer, tampoco sea levantado sino por una mujer. ¿Qué es lo que decías, Adán? *La mujer que me diste me dio del fruto del árbol, y comí*. Palabras de malicia son estas que acrecientan tu culpa en vez de borrarla. Sin embargo, la sabiduría ha vencido a la malicia, pues aunque malograste la ocasión que Dios quería darte para el perdón de tu pecado cuando te preguntaba y hacía cargo de él, ha hallado en el tesoro de su indeficiente piedad arbitrios para borrar tu culpa. Te da otra mujer por esa mujer, una prudente por esa fatua, una humilde por esa soberbia; la cual, en vez del árbol de la muerte, te dará el gusto de la vida; en vez de aquel venenoso bocado de amargura, te traerá la dulzura del fruto eterno. Por tanto, muda las palabras de la injusta acusación en alabanzas y acción de gracias a Dios, y dile: Señor, la mujer que me has dado me dio el fruto del árbol de la vida, y comí de él; y ha sido más dulce que la miel para mi

---

[25] *Gen.* III, 12.

boca, porque en él me has dado la vida. Mira a lo que fue enviado el ángel Gabriel a la Virgen. ¡Oh Virgen admirable y dignísima de todo honor! ¡Oh, mujer singularmente venerable, admirable entre todas las mujeres, que trajo la restauración a sus padres y la vida a sus descendientes!

4. *Fue enviado,* dice, *el ángel Gabriel a una virgen.* Virgen en el cuerpo, virgen en el alma, virgen en la profesión, virgen, finalmente, como la que describe el apóstol, santa en el alma y en el cuerpo; ni hallada nuevamente o sin especial providencia, sino escogida desde los siglos, conocida en la presencia del Altísimo y preparada para sí mismo; guardada por los ángeles, designada anticipadamente por los antiguos Padres, prometida por los profetas. Registra las escrituras y hallarás las pruebas de lo que digo. Pero ¿quieres que yo también traiga aquí testimonios sobre esto? Para hablar poco de lo mucho, ¿qué otra cosa te parece que predijo Dios, cuando dijo a la serpiente: *Pondré enemistades entre ti y la mujer?*[26]. Y si todavía dudas que hablase, de María, oye lo que se sigue: *Ella misma quebrantará tu cabeza.* ¿Para quién se guardó esta victoria sino para María? Ella sin duda quebrantó su venenosa cabeza, venciendo y reduciendo a la nada todas las sugestiones del enemigo, así en los deleites del cuerpo como en la soberbia del corazón.

---

[26] Gen. III, 15.

5. ¿Qué otra fijamente buscaba Salomón cuando decía: *¿Quién hallará una mujer fuerte?*[27]. Conocía este hombre sabio la debilidad de este sexo, su frágil cuerpo y su corazón inconstante. Con todo eso, porque había leído que la había prometido Dios, y sabía que convenía que quien había vencido por una mujer fuese vencido por otra, con una vehemente admiración decía: *¿Quién hallará una mujer fuerte?* Lo cual es decir: ya que está dispuesto por el consejo divino que de la mano de una mujer venga la salud de todos nosotros, la restitución de la inocencia y la victoria del enemigo, es necesario que se prepare una de todos modos fuerte, que pueda ser a propósito para obra tan grande. *¿Pero quién hallará una mujer fuerte?* Y porque no se piense que preguntaba esto perdiendo la esperanza de que se encontrase, añade profetizándola: *Lejos y de los últimos términos es el precio de ella;* esto es, no es vil, ni pequeño, ni mediano; no, en fin, de la tierra, sino del cielo; pero ni aun del cielo próximo a la tierra es el precio de esta mujer fuerte, sino que de lo más alto del cielo viene su estimación. ¿Qué pronosticaba en otro tiempo aquella zarza de Moisés, echando llamas, pero sin consumirse[28], sino a María dando a luz sin sentir dolor? ¿Qué aquella

---

[27] Prov. XXXI, 10.
[28] Ex. III, 2.

vara de Aarón[29], que floreció estando seca, sino a la misma concibiendo, pero sin obra de varón? El mayor misterio de este grande milagro le explica Isaías diciendo: *Saldrá una vara de la raíz de Jesé, y de su raíz subirá una flor*[30], entendiendo en la vara a la Virgen y el parto de la Virgen en la flor.

6. Pero, si te parece que el decir ahora que Cristo se entiende en la flor, contradice a la sentencia que queda explicada más arriba, en que decíamos que no en la flor, sino en el fruto de la flor, se designaba, sabe que en la misma vara de Aarón (la cual no solo floreció, sino que arrojó hojas y echó fruto) es significado Cristo, no precisamente en la flor o en el fruto, sino también en las hojas mismas. Sabe, igualmente, que fue demostrado por Moisés[31], no por el fruto de la vara ni por la flor, sino por la misma vara; por aquella vara, sin duda, a cuyo golpe ya se divide el agua para que el pueblo pase, ya brota de la piedra para que beba. No hay, pues, inconveniente alguno en que sea figurado Cristo en diversas cosas por diferentes causas; y que en la vara se entienda su potencia, en la flor su fragancia, en el fruto la dulzura de su sabor, en las hojas también su cuidadosa protección, con que no cesa de amparar bajo la sombra de sus alas a los pequeñuelos que se

---

[29] *Num.* XVII, 8.
[30] *Is.* XI, 1.
[31] *Ex.* XIV, 16.

refugian a él huyendo de los carnales deseos y de los impíos que los persiguen. Buena y amable sombra la que se halla bajo las alas del dulce Jesús, donde hay seguro refugio para los que se retiran allí y refrigerio saludable para los fatigados. Ten misericordia de mí, Señor Jesús; ten misericordia de mí, porque en ti confía mi alma, y en la sombra de tus alas esperaré hasta que pase la iniquidad. En este texto de Isaías debes entender al Hijo en la flor y a la Madre en la vara; porque la vara floreció sin renuevo, y la Virgen concibió sin obra de varón. Ni dañó al verdor de la vara la salida de la flor, ni al pudor de la Virgen el parto sagrado.

7. Traigamos de las Escrituras otros testimonios concernientes a la Virgen Madre y a su Hijo Dios. ¿Qué significa el vellocino de Gedeón[32], que, quitado de la carne, pero sin herida de la carne, es puesto en la era; y ahora la lana, después la misma era, es humedecida con el rocío, sino aquella carne tomada de la carne de la Virgen, pero sin detrimento de su virginidad? En la cual verdaderamente, destilando los cielos, se infundió toda la plenitud de la divinidad, de modo que de esta plenitud hemos recibido todos, no siendo otra cosa, sin ella, que una tierra árida. Con este hecho de Gedeón parece cuadrar bellamente el dicho del profeta: *Descenderá*

---

[32] *Iud.* VI, 37.

como lluvia sobre el vellocino[33]. Pues por lo que se sigue: *Y como las gotas que destilan sobre la tierra,* se significa lo mismo que por la era, que se halló humedecida con el rocío. Que es decir: aquella lluvia voluntaria que destinó Dios para el pueblo, que es su heredad, primero plácidamente y sin estrépito de alguna operación humana, con aquel sosegadísimo descenso propio de ella, bajó al seno virginal; pero después fue difundida en todas las partes del mundo por la boca de los apóstoles, no ya como la lluvia en el vellocino, sino como las gotas que destilan sobre la tierra, con el estrépito de las palabras y con el sonido de los milagros. Porque se acordaron las nubes que llevaban la lluvia que, cuando fueron enviadas, se las había mandado: *Lo que os digo a vosotros en las tinieblas, decidlo en la luz; y lo que escucháis al oído, predicadlo sobre las cosas*[34]. Lo cual cumplieron, pues *su sonido se extendió a toda la tierra y llegaron sus palabras hasta las extremidades del mundo*[35].

8. Oigamos también a Jeremías anunciar a los antiguos cosas nuevas, y, a quien no podía mostrar todavía presente, desear ardientemente que viniese y prometer con toda confianza que vendría. *Una cosa nueva*, dice, *ha criado Dios sobre la tierra: una mujer*

---

[33] *Ps.* LXXI, 6.
[34] *Mt.* X, 27.
[35] *Ps.* XVIII, 5.

rodeará a un varón. ¿Quién es esta mujer y quién es este varón? O, si es varón, ¿cómo puede ser rodeado de una mujer? O, si por una mujer es rodeado, ¿cómo puede ser varón? Y, para decirlo más claramente, ¿cómo puede a un tiempo mismo ser varón y estar en el seno de la madre, pues esto es ser rodeado un varón por una mujer? Hemos conocido varones que, pasando la infancia, la edad pueril, la adolescencia y la juventud, llegaron hasta el grado próximo a la senectud. Pero el que tan grande ya, ¿cómo podrá ser rodeado por una mujer? Si hubiera dicho: una mujer rodeará a un infante o una mujer rodeará a un párvulo, no parecería nuevo o maravilloso; pero, no poniendo ahora cosa semejante, sino llamándole varón[36], con razón preguntaremos: ¿Qué novedad es esta que Dios ha obrado sobre la tierra, haciendo que una mujer rodee a un varón y que el varón se estreche dentro del pequeño cuerpo de una mujer? ¿Qué prodigio es este? *¿Puede, por ventura, el hombre,* como dice Nicodemo, *entrar segunda vez en el seno de su madre y volver a nacer?*[37].

9. Pero yo vuelvo los ojos de la consideración a la concepción y parto virginal, por si acaso entre las muchísimas cosas nuevas y maravillosas que halla allí el que con diligencia las busca, puedo encontrar esta novedad que he referido del profeta. A la

---

[36] *Ier.* XXXI, 12.
[37] *Io.* III, 4.

verdad, allí se conoce la longitud breve, la latitud angosta, la altura abatida, la profundidad llana. Allí se conoce la luz sin resplandecer, la palabra sin hablar, el agua con sed, con hambre el pan. Verás, si atiendes, que la potencia es gobernada, la sabiduría instruida, la fortaleza sustentada. Verás, en fin, a Dios mamando y alimentando a los ángeles; llorando y consolando a los miserables. Verás, si atiendes, entristecerse la alegría, asustarse la confianza, la salud padecer, la vida morir, la fortaleza desmayar. Pero, lo que no es menos maravilloso, se ve allí a un tiempo mismo la tristeza alegrando, el susto fortaleciendo, la pasión dando salud, la muerte dando vida, el desmayo comunicando fuerza. ¿Quién no encuentra ya lo que yo buscaba? ¿No te es fácil ya reconocer entre estas cosas a una mujer que rodea a un varón, cuando ves que María abraza en su seno a aquel varón aprobado de Dios, Jesús? Pero yo llamo varón a Jesús, no solo cuando le aclamaban *Varón profeta, poderoso en las obras y en las palabras*[38], sino también cuando la Madre de Dios ponía sus tiernos miembros en su blando regazo o le llevaba en su seno. Era, pues, Jesús varón, aun antes de nacer; pero en la sabiduría, no en la edad; en el vigor del ánimo, no en las fuerzas del cuerpo, en la madurez de los sentidos, no en la corpulencia de sus miembros. Porque no tuvo menos sabiduría, o, por

---

[38] *Lc*. XXIV, 19.

decir mejor, no fue menos la sabiduría misma Jesús concebido que nacido, pequeño que grande. Así, o escondido en el seno de María, o dando vagidos en el pesebre, o, ya más grandecito, preguntando a los doctores en el templo, o, ya en edad perfecta, enseñando delante del pueblo; igualmente y sin duda alguna, estuvo lleno del Espíritu Santo. Ni hubo hora alguna, en cualquiera edad de su vida, en que de aquella plenitud, que en su concepción recibió, se disminuyese algo o se le añadiese algo; sino que desde el principio fue perfecto; desde el principio, vuelvo a decir, estuvo lleno del espíritu de sabiduría y de entendimiento, del espíritu de consejo y de fortaleza, del espíritu de ciencia y de piedad y del espíritu del temor del Señor[39].

10. Ni te haga fuerza lo que lees de Él en otro lugar: *Jesús adelantaba en sabiduría, en edad y gracia, delante de Dios y de los hombres*[40]; porque lo que aquí se dice de la sabiduría y de la gracia, se ha de entender, no según lo que en sí mismo era, sino según lo que aparecía; no porque se le aumentase cosa nueva que antes no tuviese, sino porque parecía que se le aumentaba en el tiempo, pues quería el Señor que pareciese así. Tú, hombre, cuando creces, no creces cuanto ni cuando quieres; sino que, sin saberlo tú, se aumenta tu estatura y se dispone

---

[39] *Is.* XI, 2.
[40] *Lc.* II. 51.

tu vida. Pero el Niño Jesús, que dispone tu vida, disponía también la suya; y cuando quería y a quienes quería parecía sabio; cuando y a quienes quería, más sabio; cuando y a quienes quería, sapientísimo; aunque en sí mismo nunca fue sino sapientísimo. Igualmente también, aunque siempre estuvo lleno de toda gracia, así de la que debía tener delante de Dios, como delante de los hombres, con todo eso, a su arbitrio, la mostraba ahora más, ahora menos, según que Él sabía que convenía a los méritos o a la salud de los que lo miraban. Se hace claro, pues, que Jesús tuvo siempre un ánimo varonil, aunque no pareció siempre varón en el cuerpo. En fin, ¿cómo dudaré yo que fuese ya varón en el seno, cuando no dudo que también era Dios allí? Menos es ser varón que ser Dios.

11. Pero mira si no explica clarísimamente también esta novedad de Jeremías el profeta Isaías, el cual igualmente nos expuso las flores nuevas de Aarón, de que hablamos más arriba. *Mira, dice, que una virgen concebirá y dará a luz un hijo*[41]. Ea, ya tienes la mujer, que es la Virgen. ¿Quieres oír también quién es el varón? *Y será llamado, añade, Manuel*, esto es, *Dios con nosotros*. Así, la mujer que circunda al varón es la Virgen, que concibe a Dios. ¿Ves qué bella y concordemente cuadran entre sí los hechos maravillosos de los santos y sus misteriosos dichos?

---

[41] *Is.* VII, 14.

¿Ves qué estupendo es este solo milagro hecho con la Virgen y en la Virgen, al que precedieron tantos prodigios y que prometieron tantos oráculos? Sin duda era uno solo el espíritu de los profetas y, aunque en diversas maneras, signos y tiempos, y, siendo ellos diversos también, pero no con diverso espíritu, previeron y predijeron una misma cosa. Lo que se mostró a Moisés en la zarza y en el fuego, a Aarón en la vara y en la flor, a Gedeón en el vellocino y el rocío, eso mismo abiertamente predijo Salomón en la mujer fuerte y en su precio; con más expresión lo cantó anticipadamente Jeremías de una mujer y de un varón; clarísimamente lo anunció Isaías de una virgen y de Dios; en fin, eso mismo lo mostró san Gabriel en la Virgen saludándola; porque esta misma es de quien dice el evangelista ahora: *Fue enviado el ángel Gabriel a una virgen desposada.*

12. *A una virgen desposada,* dice. ¿Por qué fue desposada? Siendo ella, digo, elegida virgen y, como se ha demostrado, virgen que había de concebir, y virgen que había de dar a luz siendo virgen, causa admiración que fuese desposada. ¿Habrá por ventura quien diga que esto sucedería casualmente? No se hizo casualmente cuando, para hacerse así, se halla causa muy razonable, causa muy útil y necesaria y digna enteramente del consejo divino. Diré lo que a mí me ha parecido o, por mejor decir, lo que antes de mí ha parecido a los Padres. La causa para que se desposase María fue la misma que hubo

para permitir que dudase Tomás. Era costumbre
de los judíos que desde el día del desposorio hasta
el tiempo de las bodas fuesen entregadas las espo-
sas a sus esposos para ser guardadas, a fin de que
con tanta mayor diligencia guardasen su honesti-
dad cuanto ellos eran más fieles para sí mismos.
Así, pues, como Tomás, dudando y palpando, se
hizo constantísimo confesor de la resurrección del
Señor, así también José, desposándose con María y
comprobando él mismo su honestísima conducta
en el tiempo de su custodia con más diligencia, se
hizo fidelísimo testigo de su pureza. Bella congruencia de ambas cosas, esto es, de la duda en Tomás y
del desposorio en María. Podía el enemigo poner-
nos un lazo a nosotros para que cayésemos en el
error, dudando de la verdad de la fe en Tomás y de
la castidad en María, reduciéndose de esta suerte la
verdad a sospechas; pero, con prudente y piadoso
consejo de Dios, sucedió, por el contrario, que por
donde se temía la sospecha, se hizo más firme y
más cierta la verdad de nuestra fe. Porque acerca de
la resurrección del Hijo, más presto sin duda, yo,
que soy débil, creeré a Tomás, que duda y palpa,
que a Cefas, que lo oye y luego lo cree; y sobre la
continencia de María, más fácilmente creeré a su
esposo, que la guarda y experimenta, que creería
aún a la misma Virgen si se defendiese con sola su
conciencia. Dime, te ruego, ¿quién viéndola embarazada, sin estar desposada, no diría más bien que

era mujer corrupta que virgen? No era decente que se dijese esto de la Madre del Señor; era más tolerable y honesto que por algún tiempo se pensase que Cristo había nacido de matrimonio que no de fornicación.

13. ¿Pero no podía, dirás, hacer Dios un patente prodigio con que se consiguiese que ni se infamase, su nacimiento ni fuese acusada su madre? Seguramente podía; pero no podía estar oculto a los demonios lo que supiesen los hombres; y convenía que el misterio del consejo divino estuviese algún tiempo encubierto al príncipe del mundo; no porque Dios, si quisiera hacer esta obra descubiertamente, temiese ser impedido por él, sino porque el mismo Señor, que no solo poderosa, sino sabiamente también, hizo todas las cosas que quiso, así como en todas las demás obras suyas acostumbró guardar ciertas congruencias de las cosas o de los tiempos por la hermosura del orden, así igualmente en la magnífica obra de nuestra redención, no solo quiso mostrar su poder, sino también su prudencia. Y aunque hubiera podido perfeccionarla del modo que hubiera querido, le agradó más reconciliar consigo al hombre por el modo mismo y orden con que sabía que había caído; para que así como el diablo engañó a la mujer primero, y después por la mujer venció al hombre, así también fuese primeramente engañado por una mujer virgen, y después abiertamente vencido por un hombre, que es

Cristo; siguiéndose de esto que, burlando el arte de la divina piedad los ardides de la malicia y quebrantando la fortaleza de Cristo las fuerzas del maligno, se viese ser Dios más prudente y más fuerte que el diablo. Fue muy decoroso que la Sabiduría encarnada triunfase de esta suerte de la malicia espiritual, verificándose así que no solo alcanza desde una extremidad hasta otra fuertemente, sino que también dispone suavemente todas las cosas. Llega de una extremidad a la otra extremidad, esto es, desde el cielo hasta el infierno. *Si subiere al cielo, dice, allí te hallas; si bajare al infierno, estás allí*[42]. Pero en ambas partes fuertemente, pues no solo expelió de las alturas al soberbio, sino que en los infiernos despojó al avaro. Convenía, pues, que dispusiese con suavidad todas las cosas del cielo y de la tierra, a fin de que, arrojando de allí al inquieto, asegurase a los demás en la paz y, habiendo de vencer aquí al envidioso, nos dejase primero a nosotros el necesarísimo ejemplo de su humildad y mansedumbre; y así, por este orden maravilloso de su sabiduría, se mostrase para los suyos suave y para los enemigos fuerte. Porque ¿qué nos serviría que el diablo fuese vencido por Cristo, si nosotros permaneciésemos soberbios? Así, no hay duda de que intervinieron causas muy importantes para que María fuese desposada con José, puesto que por este medio se

---

[42] *Ps*. CXXXVIII, 8.

esconde lo santo a los perros y se comprueba la virginidad de María por su esposo; igualmente se preserva a la Virgen del sonrojo y se provee a la integridad de su fama. ¿Qué cosa más llena de sabiduría, qué cosa más digna de la providencia divina? Con solo este arbitrio, se admite un fiel testigo a los secretos del cielo y se excluye de ellos al enemigo y se conserva ilesa la fama de la Virgen Madre. De otra suerte, ¿cuándo hubiera perdonado el justo a una adúltera? Pero está escrito: *Pero José, su esposo, siendo justo, y no queriendo delatarla, quiso dejarla ocultamente*[43]. ¡Qué bien dicho, siendo justo y no queriendo delatarla! Porque así como de ningún modo hubiera sido justo si la hubiera consentido conociéndola culpada, igualmente no sería justo si la hubiera delatado conociéndola inocente. Como fuese, pues, justo y no quisiese delatarla, quiso dejarla ocultamente.

14. ¿Por qué quiso dejarla? Oye también en esto no mi sentencia propia, sino la de los Padres. Por el mismo motivo quería José dejar a María por el que san Pedro también apartaba de sí al Señor, diciéndole: *Apártate de mí, Señor, porque yo soy un pecador*[44]; y por la causa misma porque el centurión no quería que entrase el Señor en su casa diciendo: *Señor, yo no soy digno de que entres*

---

[43] *Mt.* I, 19.
[44] *Lc.* V, 8.

bajo mi techo[45]. Así, José, teniéndose por indigno y pecador, decía dentro de sí mismo que no debía concedérsele ya en adelante la familiar compañía con tal y tan grande criatura, cuya admirable dignidad miraba sobre sí con asombro. Miraba y se llenaba de pavor a la vista de quien llevaba en sí misma una certísima divisa de la presencia divina; y, porque no podía penetrar el misterio, quería dejarla. Miró Pedro con pavor la grandeza del poder de Cristo miró con pavor el centurión la majestad de su presencia. Fue poseído también José, como hombre, de un asombro sagrado a la novedad de tan grande milagro, a la profundidad de tan grande misterio, y por eso quiso dejarla ocultamente. ¿Te maravillas de que José se juzgase indigno de la compañía de María, cuando llevaba ya en sus virginales entrañas el Hijo de Dios, oyendo tú que santa Isabel no podía sostener su presencia sin temor y respeto, pues prorrumpe en estas voces: *¿De dónde a mí esta dicha, que la Madre de mi Señor venga a mí?* Este fue el motivo por el que José quería dejarla. Pero ¿por qué ocultamente y no a las claras? Porque no se inquiriese la causa del divorcio y se pidiese la razón que había para él. Porque ¿qué respondería este varón justo a un pueblo de dura cerviz, a un pueblo que no creía, sino que contradecía? Si decía lo que sentía y lo que había comprobado él mismo

---

[45] *Mt.* VIII, 8.

en orden a su pureza, ¿no se burlarían al punto de él los incrédulos y crueles judíos y a ella no la apedrearían? ¿Cuándo creerían a la verdad enmudecida en el seno, si después la despreciaron clamando en el templo? ¿Qué harían con quien todavía no aparecía los que pusieron en Él sus impías manos cuando resplandecía con milagros? Con razón, pues, este varón justo, por no verse obligado o a mentir o a infamar a una inocente, quiso ocultamente dejarla.

15. Pero si alguno siente de diferente modo, y porfía en que José, como hombre, dudó; y, como era justo, no quería habitar con ella por la sospecha, no queriendo, sin embargo, tampoco (como era piadoso) descubrir sus recelos, y que por esto quiso dejarla ocultamente; brevemente respondo que aun así fue muy necesaria y provechosa la duda de José, pues mereció ser aclarada por el oráculo divino. Porque así se halla escrito: Pensando él en esto, es decir, en dejarla ocultamente, *se le apareció un ángel en sueños, y le dijo: José, hijo de David, no temas recibir a María por consorte tuya, pues lo que en sus entrañas está es del Espíritu Santo*[46]. Así, por estas razones, fue desposada María con José o, como dice el evangelista, *con un varón cuyo nombre era José*[47]. Varón le llama, no porque fuese marido, sino porque era hombre de virtud. O mejor, porque, según otro

---

[46] *Lc.* I 43.
[47] *Mt.* I, 20.

evangelista, fue llamado, no varón absolutamente, sino varón de María, con razón se apellida como fue necesario reputarle. Debió, pues, llamarse varón suyo, porque fue necesario reputarlo tal; así como también mereció no serlo a la verdad, sino llamarse padre de Dios; de modo que se pensó que lo era, por lo que dice este mismo evangelista: *Tenía Jesús, al comenzar su ministerio, unos treinta años, y le reputaban hijo de José*[48]. Ni fue, pues, varón de la madre ni padre del hijo, aunque (como se ha dicho), por una necesaria razón de obrar y permisión en Dios, fue llamado y reputado por algún tiempo lo uno y lo otro.

16. Pero conjetura tú por este título, con el cual, aunque por una graciosa razón de obrar y permisión divina, mereció ser honrado, llamándose y creyéndose algún tiempo padre de Dios; conjetura también por su nombre propio (que sin duda significa aumento) qué hombre tan grande y de cuánta virtud era este José. Acuérdate al mismo tiempo de aquel grande patriarca, vendido en otro tiempo en Egipto, y reconocerás que este no solo tuvo su mismo nombre, sino su castidad, su inocencia y su gracia. Aquel José[49], vendido por la envidia de sus hermanos y llevado a Egipto, prefiguró la venta de Cristo; este José, huyendo de la envidia de Herodes,

---

[48] *Lc.* I, 27.
[49] *Gen.* XXXVII, 27.

llevó a Cristo a la tierra de Egipto[50]. Aquel, guardando lealtad a su señor, no quiso consentir al mal intento de su señora[51]; este, reconociendo virgen a su Señora, Madre de su Señor, la guardó fidelísimamente, conservándose él mismo en toda castidad. A aquel le fue dada la inteligencia de los misterios de los sueños; este mereció ser sabedor y participante de los misterios soberanos. Aquel reservó el trigo no para sí, sino para el pueblo; este recibió el pan vivo del cielo para guardarle para sí y para todo el mundo. Sin duda, este José con quien se desposó la Madre del Salvador fue hombre bueno y fiel. Siervo fiel y prudente, repito, a quien constituyó Dios consuelo de su Madre, proveedor del sustento de su cuerpo; finalmente, a él solo sobre la tierra, coadjutor fidelísimo del gran consejo. Llega a esto el referirse también a que era de la casa de David. Verdaderamente de la casa de David, verdaderamente de sangre, real desciende este José, noble en linaje y más noble en el ánimo. Verdaderamente hijo de David, pues no degenera de David, su padre. Enteramente, vuelvo a decir, hijo de David, no solo por la sangre, sino por la fe, por la santidad, por la devoción; a quien halló Dios, como a otro David, según su corazón, para encomendarle con seguridad el secretísimo y sacratísimo arcano de su corazón; a quien, como

---

[50] *Mt.* II, 14.
[51] *Gen.* XXXIX, 12.

a otro David, manifestó los secretos y misterios de su sabiduría y le dio el conocimiento de aquel misterio, que ninguno de los príncipes de este siglo conoció; a quien, en fin, se concedió no solo ver y oír al que muchos reyes y profetas, queriéndole ver, no le vieron y queriéndole oír no le oyeron, no solo verle y oírle, sino tenerle en sus brazos, llevarle de la mano, abrazarle, besarle, alimentarle y guardarle. Pero no precisamente de José, sino de María también se debe creer que descendía de la casa de David. Porque no se hubiera podido desposar con un varón de la casa de David si ella misma no fuera de la casa de David también. Ambos, pues, eran de la casa de David; pero en María se cumplió aquella verdad que Dios había jurado a David, siendo José solamente sabedor y testigo del cumplimiento de la divina promesa.

17. Al fin del verso dice el evangelista: *Y el nombre de la virgen era María.* Digamos también, acerca de este nombre, que significa estrella de la mar, y se adapta a la Virgen Madre con la mayor proporción. Se compara María oportunísimamente a la estrella; porque, así como la estrella despide el rayo de su luz sin corrupción de sí misma, así, sin lesión suya, dio a luz la Virgen a su Hijo. Ni el rayo disminuye a la estrella su claridad, ni el Hijo a la Virgen su integridad. Ella, pues, es aquella noble estrella nacida de Jacob, cuyos rayos iluminan todo el orbe, cuyo esplendor brilla en las alturas y penetra los abismos;

y, alumbrando también a la tierra y calentando más bien los corazones que los cuerpos, fomenta las virtudes y consume los vicios. Esta misma, repito, es la esclarecida y singular estrella, elevada por necesarias causas sobre este mar grande y espacioso, brillando en méritos, ilustrando en ejemplos. ¡Oh!, cualquiera que seas el que en la impetuosa corriente de este siglo te miras, pero antes fluctuar entre borrascas y tempestades, que andar por la tierra, no apartes los ojos del resplandor de esta estrella, si quieres no ser oprimido de las borrascas. Si se levantan los vientos de las tentaciones, si tropiezas en los escollos de las tribulaciones, mira a la estrella, llama a María. Si eres agitado por las ondas de la soberbia, si de la detracción, si de la ambición, si de la emulación, mira a la estrella, llama a María. Si la ira, o la avaricia, o el deleite carnal impele violentamente la navecilla de tu alma, mira a María. Si, turbado a la memoria de la enormidad de tus crímenes, confuso a vista de la fealdad de tu conciencia, aterrado a la idea del horror del juicio, comienzas a ser sumido en la sima sin suelo de la tristeza, en el abismo de la desesperación, piensa en María. En los peligros, en las angustias, en las dudas, piensa en María, invoca a María. No se aparte María de tu boca, no se aparte de tu corazón; y para conseguir los sufragios de su intercesión, no te desvíes de los ejemplos de su virtud. No te descaminarás si la sigues, no desesperarás si la ruegas, no te perderás si en ella piensas. Si ella te tiene de su mano, no caerás; si te protege, nada tendrás que temer; no te fatigarás, si es tu guía; llegarás felizmente al puerto, si ella te ampara; y así, en ti mismo experimentarás con cuánta razón se dijo: *Y el nombre de la virgen era María*. Pero ya debemos pausar un poco, no sea que miremos solo de paso la claridad de tanta luz. Pues, por usar las palabras del evangelista: *Bueno es que nos detengamos aquí*[52]; y da gusto contemplar dulcemente en el silencio lo que no basta a explicar la pluma laboriosa. Entretanto, por la devota contemplación de esta brillante estrella recobrará más fervor la exposición en lo que se sigue.

3

[53]1. Me agrada usar las palabras de los santos siempre que oportunamente se pueden adaptar a los asuntos que trato, para que así se hagan más gratas, a lo menos por la belleza de los vasos, las cosas que en mis discursos presento al lector. Pero, por comenzar ahora con las expresiones del profeta, ¡ay de mí![54] no a la verdad al modo del profeta, porque callé, sino porque he hablado, pues mis labios

---

[52] *Mt.* XVII, 4.
[53] *PL* CLXXXVIII, 71.
[54] *Is.* VI, 5.

son impuros. ¡Ay! ¡Cuántas cosas vanas, cuántas cosas falsas, cuántas cosas torpes me acuerdo haber vomitado por esta misma asquerosísima boca mía, en que ahora presumo tratar palabras celestiales! Mucho temo que esté cerca aquel momento en que haya de oír que me dicen: *¿Cómo cuentas tú mis justicias y tomas mi testamento en tu boca?*[55]. Ojalá que a mí también me trajeran del soberano altar, no una sola ascua, sino un globo grande de fuego que consumiese enteramente la mucha e inveterada inmundicia de mi sucia boca, a fin de hacerme digno de repetir con mi expresión, tal cual ella sea, los gratos y castos coloquios del ángel con la Virgen y la respuesta de la Virgen al ángel. Dice, pues, el evangelista: *Y habiendo entrado el ángel a ella,* sin duda a María, le dijo: *Dios te salve, llena de gracia, el Señor es contigo.* ¿Adónde entró a ella? Juzgo que al secreto de su casto aposento, en donde quizá, cerrada la puerta sobre sí, estaba en lo oculto orando al Padre. Suelen los ángeles estar presentes a los que oran y deleitarse en los que ven levantar sus puras manos en la oración; se alegran de ofrecer a Dios el holocausto de la devoción santa como incienso agradable al cielo. Cuánto habían agradado las oraciones de María en la presencia del Altísimo, lo indica el ángel saludándola con tanta reverencia. Ni fue dificultoso al ángel penetrar en el secreto aposento de

---

[55] *Ps.* IL, 16.

la Virgen, pues por la sutileza de su substancia tiene la natural propiedad de que ni las cerraduras de hierro le pueden estorbar la entrada a cualquiera parte que su ímpetu le lleve. No resisten a los angélicos espíritus las paredes, sino que les ceden todas las cosas visibles; y todos los cuerpos, por más sólidos o densos que sean, están francos y penetrables para ellos. No se debe, pues, sospechar que encontrase el ángel abierta la puertecita de la Virgen, cuyo propósito era evitar la concurrencia de los hombres y huir de sus conversaciones; para que así, o no fuese perturbado el silencio de su oración, o no fuese tentada su castidad, de que hacía profesión. Por tanto, había cerrado sobre sí su habitación en aquella hora la Virgen prudentísima, pero a los hombres, no a los ángeles; por consiguiente, aunque pudo entrar el ángel donde estaba, pero a ninguno de los hombres era la entrada fácil.

2. Habiendo, pues, entrado el ángel a María, le dijo: *Dios te salve, llena de gracia, el Señor es contigo.* Leemos en los Hechos de los Apóstoles[56] que san Esteban estuvo lleno de gracia y que los apóstoles también estuvieron llenos del Espíritu Santo; pero muy diferentemente que María; porque, a más de otras razones, ni en aquel habitó la plenitud de la divinidad corporalmente, como habitó en María, ni estos concibieron del Espíritu Santo, como María.

---

[56] *Act.* VI, *5.*

Dios te salve, dice, *llena de gracia, el Señor es contigo.*
¿Qué mucho estuviera llena de gracia, si el Señor
estaba con ella? Lo que más se debe admirar es cómo
el mismo que había enviado el ángel a la Virgen fue
hallado con la Virgen por el ángel. ¿Fue Dios más
veloz que el ángel, de modo que con mayor ligereza
se anticipó a su presuroso nuncio para llegar a la tierra? No hay que admirar, porque estando el Rey en
su reposo, el nardo de la Virgen dio su olor y subió
a la presencia de su gloria el perfume de su aroma
y halló gracia en los ojos del Señor, clamando los
circunstantes: *¿Quién es esta que sube por el desierto
como una columnita de humo formada de perfumes
de mirra e incienso?*[57]. Y al punto el Rey, saliendo de
su lugar santo, mostró el aliento de un gigante para
correr el camino[58]; y, aunque fue su salida de lo más
alto del cielo, volando en su ardentísimo deseo, se
adelantó a su nuncio, para llegar a la Virgen, a quien
había amado, a quien había escogido para sí, cuya
hermosura había deseado. Al cual, mirándole venir
de lejos, dándose el parabién y llenándose de gozo,
le dice la Iglesia: *Mirad cómo viene este saltando en
los montes, pasando por encima de los collados*[59].

3. Pero con razón deseó el Rey la hermosura de
la Virgen, pues había puesto por obra todo lo que

---

[57] *Cant. III, 6.*
[58] *Ps. XVIII, 6.*
[59] *Cant. II, 8.*

mucho antes había sido amonestada por David, su padre, que la decía: *Escucha, hija, y mira; inclina tu oído y olvida tu pueblo y la casa de tu padre*. Y si esto haces, *deseará el Rey tu hermosura*[60]. Oyó, pues, y vio; no como algunos, que oyendo no oyen y viendo no entienden, sino que oyó y creyó; vio y entendió. Inclinó su oído a la obediencia y su corazón a la enseñanza, y se olvidó de su pueblo y de la casa de su padre; porque ni pensó en aumentar su pueblo con la sucesión ni intentó dejar herederos a la casa de su padre, sino que todo el honor que pudiera tener en su pueblo, todo lo que pudiera tener de bienes terrenos por sus padres, lo abandonó como si fuera basura, para ganar a Cristo. Ni la engañó su pensamiento, pues logró, sin violar el propósito de su virginidad, tener a Cristo por hijo suyo. Con razón se llama *llena de gracia*, pues tuvo la gracia de la virginidad; y, a más de eso, consiguió la gloria de la fecundidad.

4. *Dios te salve, llena de gracia, el Señor es contigo*. No dijo el ángel: *el Señor está en ti, sino: el Señor es contigo;* porque, aunque Dios está igualmente en todas partes por su simplicísima substancia, con todo eso, está de diferente modo en las criaturas racionales que en las demás; y en aquellas mismas todavía de otra suerte en los buenos que en los malos, por su eficacia. De tal modo sin duda está en las criaturas

---

[60] *Ps*. XLIV. II.

irracionales, que no puede caber en ellas; en las racionales puede caber por el conocimiento, pero solo halla cabida en los buenos por el amor. Así, solo en los buenos está de tal manera, que también está con ellos por la concordia de la voluntad; porque, cuando sujetan de tal modo sus voluntades a la justicia, que no es indecente a Dios querer lo que ellos quieren, por lo mismo que no se apartan de su voluntad, se juntan a sí mismos con especialidad a Dios. Pero, aunque de esta suerte está en todos los santos, particularmente está con María, con la cual tuvo tanta concordia, que juntó a sí mismo no solo su voluntad, sino su misma carne también; y de su substancia y de la de la Virgen hizo un solo Cristo o, diciendo mejor, se hizo un solo Cristo; el cual, aunque ni todo de la substancia de Dios ni todo de la substancia de la Virgen, sin embargo, todo es de Dios y todo de la Virgen; no siendo por eso dos hijos, sino solo un hijo de uno y de otro. Dice, pues: *Dios te salve, llena de gracia, el Señor es contigo.* No solamente el Señor Hijo es contigo, al cual diste tu carne, sino también el Señor Espíritu Santo, de quien concibes; y el Señor Padre, que engendró al que tú concibes. El Padre, repito, es contigo, que hace a su Hijo tuyo también. El Hijo es contigo, quien, para obrar en ti este admirable misterio, se reserva a sí con un modo maravilloso el arcano de la generación y a ti te guarda el sello virginal. El

Espíritu Santo es contigo, pues con el Padre y con el Hijo santifica tu seno. El Señor, pues, es contigo.

5. *Bendita tú eres entre las mujeres.* Quiero juntar a esto lo que añadió santa Isabel a estas mismas palabras, diciendo: *Y bendito es el fruto de tu vientre.* No porque tú eres bendita es bendito el fruto de tu vientre, sino porque él te previno con bendiciones de dulzura, eres tú bendita. Verdaderamente es bendito el fruto de tu vientre, pues en él son benditas todas las gentes; de cuya plenitud también recibiste tú con los demás, aunque de un modo más excelente que los demás. Por tanto, sin duda eres tú bendita, pero entre las mujeres; pero él es bendito, no entre los hombres, no entre los ángeles precisamente, sino como quien es, según habla el apóstol, *sobre todas las cosas, Dios bendito por los siglos*[61]. Suele llamarse bendito el hombre, el pan bendito, bendita la mujer, bendita la tierra y las demás cosas en las criaturas que están benditas; pero singularmente es bendito el fruto de tu vientre, siendo él, sobre todas las cosas, Dios bendito por los siglos.

6. *Bendito*, pues, *es el fruto de tu vientre.* Bendito en el olor, bendito en el sabor, bendito en la hermosura. La fragancia de este odorífero fruto percibía aquel que decía: *El olor que sale de mi Hijo es semejante al de un campo lleno que el Señor colmó de*

---

[61] *Rom.* IX, 6.

sus bendiciones[62]. ¿No será bendito aquel a quien colmó de sus bendiciones el Señor? Del sabor de este fruto, uno que le había gustado, eructaba de este modo, diciendo: *Gustad y ved qué suave es el Señor*[63]; y en otra parte: *¡Qué grande es, Señor, la abundancia de tu dulzura, que has escondido y reservado para los que te temen!*[64]. Y otro también: *Si es que habéis gustado que es dulce el Señor*[65]. Y el mismo fruto de sí mismo, convidándonos a sí: *El que me come, dice, tendrá todavía hambre; y el que me bebe, tendrá todavía sed*[66]. Sin duda decía esto por la dulzura de su sabor, que gustado excita el apetito. Buen fruto el que es comida y bebida a un tiempo para las almas que tienen hambre y sed de la justicia. Oíste ya su olor, oíste su sabor, oye también su hermosura; porque, si aquel fruto de muerte no solo fue suave para comerse, sino también, por testimonio de la Escritura, agradable a la vista, ¿cuánto más cuidadosamente debemos informarnos de la vivificante hermosura de este fruto vital, en quien, por testimonio igualmente de la Escritura, desean mirar los ángeles mismos? Cuya belleza miraba en espíritu y deseaba ver en el cuerpo aquel que decía: *De Sión*

---

[62] *Gen.* XVII, 27.
[63] *Ps.* XXXIII, 9.
[64] *Ps.* XXX, 20.
[65] *Petr.* II, 3.
[66] *Eccli.* XXIV, 29.

viene el esplendor de su hermosura[67]. Y para que no te parezca que alababa una belleza mediana solamente, acuérdate de lo que tienes escrito en otro salmo: *Tú sobrepasas en belleza a todos los hijos de los hombres; la gracia está derramada en tus labios; por eso Dios te bendijo para siempre*[68].

7. Bendito, pues, el fruto de tu vientre, al cual bendijo Dios para siempre; por cuya bendición también eres bendita tú entre las mujeres, porque no puede un árbol malo llevar un fruto bueno. Bendita tú, vuelvo a decir, entre las mujeres, pues te libraste de la general maldición en que se dijo: *En tristeza darás a luz los hijos*[69]; y no menos de aquella que se siguió: *Maldita la estéril en Israel*[70]; y conseguiste una especial bendición, por la cual ni permaneces estéril ni das a luz con dolor. ¡Dura necesidad y yugo grave que oprime a todas las hijas de Eva! Si dan a luz son atormentadas con los dolores; si no dan a luz, son maldecidas. ¿Qué harás, virgen, que oyes esto y que lees esto? Si deseas tener parto, serás afligida entre angustias; si permaneces estéril, serás maldecida. ¿Qué escoges, Virgen prudente? Por todas partes, dice, me cercan angustias. Sin embargo, mejor es para mí incurrir en la maldición

---

[67] *PS.* XLIX, 2.
[68] *PS.* XLIV, 3.
[69] Gen. III, 16.
[70] *Ex.* XXXIIX, 20.

y permanecer casta, que concebir primero por la concupiscencia lo que después justamente había de dar a luz con dolor. Por esta parte, aunque veo la maldición, pero no el pecado; pero por la otra veo el pecado y juntamente el tormento. En fin, ¿esta maldición es más que el improperio de los hombres? No por otra cosa se llama la estéril maldita, sino porque los hombres la improperarán y despreciarán como inútil e infructuosa en Israel. Pero para mí nada importa que desagrade a los hombres, como pueda presentarme a Cristo Virgen casta. ¡Oh Virgen prudente! ¡Oh Virgen devota! ¿Quién te enseñó que agradaba a Dios la virginidad? ¿Qué ley, qué rito, qué página del Viejo Testamento manda o aconseja y exhorta a vivir en la carne castamente y a tener una vida propia de los ángeles de la tierra? ¿En dónde has leído, Virgen devota, *que la sabiduría de la carne es muerte*[71]*; y no queráis contentar vuestra sensualidad satisfaciendo a sus deseos?*[72] ¿En dónde has leído de las vírgenes *que cantan un nuevo cántico que ningún otro puede cantar y que siguen al Cordero adondequiera que vaya?*[73] ¿En dónde has leído que son alabados *los que se hicieron continentes por el reino de Dios?*[74] ¿En dónde has leído: *Aunque*

---

[71] *Rom.* VIII, 6.
[72] *Rom.* XIII, 14.
[73] *Apoc.* XIV, 4.
[74] *Mt.* XIX, 12.

vivimos en la carne, nuestra conducta no es carnal? [75].
Y *¿aquel que casa a su hija, hace bien; y aquel que no
la casa, hace mejor?* [76] ¿Dónde has oído: *Quisiera que
todos vosotros permanecierais en el estado en que yo me
hallo;* y *bueno es para el hombre si así permaneciere,
como yo le aconsejo? En cuanto a las vírgenes,* dice, *no
he recibido precepto del Señor, pero doy consejo.* Pero
tú, no digo precepto, pero ni consejo, ni ejemplo
tenías, sino que la interior moción de Dios te lo
enseñaba todo, y su palabra viva y eficaz, hacién-
dose primero tu maestro que hijo tuyo, instruyó
antes tu mente, que *se vistió de tu carne. Haces voto,
pues, de presentarte a Cristo virgen, sin saber que está
reservado para ti ser Madre. Escoges ser despreciable en
Israel e incurrir en la maldición de la esterilidad para
agradar a aquel Señor en cuyos ojos obras lo más perfecto; y mira cómo la maldición se trueca en bendición
y la esterilidad se recompensa con la fecundidad.*

8. Abre, Virgen, el seno, dilata el regazo, prepara
tus castas entrañas, pues va a hacer en ti cosas grandes el que es todopoderoso, en tanto grado, que en
vez de la maldición de Israel te llamarán bienaventurada todas las generaciones. No tengas por sospechosa, Virgen prudentísima, la fecundidad; porque
no disminuirá tu integridad. Concebirás, pero sin
pecado; estarás embarazada, pero no cargada; darás

---

[75] *II Cor.* X, 3.
[76] *I Cor;,* VII, 38.

a luz, pero no con tristeza; no conocerás varón y engendrarás un hijo. ¡Qué hijo! De aquel mismo serás Madre de quien Dios es Padre. El hijo de la caridad paterna será la corona de tu castidad; la sabiduría del corazón del Padre será el fruto de tu virgíneo seno; a Dios, en fin, darás a luz y concebirás de Dios. Ten, pues, ánimo, Virgen fecunda, madre intacta, porque no serás maldecida jamás en Israel ni contada entre las estériles. Y si con todo eso el Israel carnal te maldice, no porque te mire estéril, sino porque sienta que seas fecunda; acuérdate de que Cristo también sufrió la maldición; el mismo que a ti, que eres su madre, bendijo en los cielos; pero aun en la tierra igualmente eres bendecida por el ángel, y por todas las generaciones de la tierra eres llamada, con razón, bienaventurada. Bendita, pues, eres tú entre las mujeres y bendito es el fruto de tu vientre, Jesús.

9. *La cual, habiendo oído tales palabras, se turbó y estaba entre sí pensando en la salutación.* Suelen las vírgenes que verdaderamente aman la virginidad estar siempre temerosas y nunca seguras; y para precaverse de lo que en realidad es temible, suelen temer aun en aquello que no tiene riesgo, considerando que llevan un tesoro precioso en un vaso de barro y que es muy arduo vivir como los ángeles entre los hombres, conducirse en la tierra al tenor de los que habitan en el cielo y guardar en el cuerpo frágil la pureza del celibato. Por consiguiente, al ver

una cosa nueva o repentina, sospechan asechanzas y piensan que todo se maquina contra ellas. Por eso María se turbó a las palabras del ángel; se turbó, pero no se perturbó. *Me turbé,* dice el profeta, *y no hablé,* sino que *medité los días antiguos y tuve en mi pensamiento los años eternos*[77]. A este modo María se turbó y no habló, sino que pensaba entre sí qué salutación sería esta. Haberse turbado fue pudor virginal; no haberse perturbado, fortaleza; haber callado y pensado, prudencia. *Estaba entre sí pensando en la salutación.* Sabía esta Virgen prudente que muchas veces Satanás se transforma en ángel de luz; y, porque era humilde y sencilla, no esperaba cosa semejante de un ángel santo; y por eso pensaba entre sí qué salutación sería esta.

10. Entonces el ángel, mirando a la Virgen y advirtiendo facilísimamente que revolvía en su corazón pensamientos varios, la consuela en sus temores, la ilustra y fortalece en sus dudas, y llamándola familiarmente por su propio nombre, blanda y benignamente la persuade que no tema: *No temas, dice, María, porque hallaste gracia en los ojos de Dios.* Nada hay aquí de dolo, nada de engaño, no sospeches fraude, no receles alguna asechanza: no soy hombre, soy espíritu y ángel de Dios, no de Satanás. *No temas, María, porque hallaste gracia en los ojos de Dios.* ¡Oh, si supieras cuánto agrada a Dios

---

[77] *Ps.* LXXVI, 5.

tu humildad y cuánta es tu privanza con Él! ¡No te juzgarías indigna de que te saludase y obsequiase un ángel! ¿Por qué has de pensar que te es indebida la gracia de los ángeles, cuando has hallado gracia en los ojos de Dios? Hallaste lo que buscabas, hallaste lo que antes de ti ninguno pudo hallar, hallaste gracia en los ojos de Dios. ¿Qué gracia? La paz de Dios y de los hombres, la destrucción de la muerte, la reparación de la vida. Esta es la gracia que hallaste en los ojos de Dios. Y esta es la señal que te dan para que te persuadas de que has hallado todo esto: *Sabe que concebirás en tu seno y darás a luz un hijo, a quien llamarás Jesús.* Entiende, Virgen prudente, por el nombre del hijo que te prometen, cuán grande y qué especial gracia has hallado en los ojos de Dios. *Y le llamarás Jesús.* La razón y significado de este nombre se halla en otro evangelista, interpretándole el ángel así: *Porque Él salvará a su pueblo de sus pecados*[78].

11. De dos leo que precedieron con el nombre de Jesús en figura de este de quien ahora tratamos; y ambos mandaron a los pueblos; de los cuales el uno sacó a su pueblo de Babilonia y el otro introdujo al suyo en la tierra de promisión. Y estos mismos sin duda defendieron de sus enemigos a los pueblos que gobernaban; pero ¿por ventura, les salvaron de sus pecados? Mas nuestro Jesús salva a su pueblo de sus

---

[78] *Mt.* I. 21.

pecados y le introduce en la tierra de los vivientes, *porque Él salvará a su pueblo de sus pecados.* ¿Quién es este, que también perdona los pecados? Ojalá que también se digne el Señor Jesús contarme a mí, pecador, en su pueblo para salvarme de mis pecados. Dichoso verdaderamente el pueblo de quien es su Dios este Señor Jesús, pues Él salvará a su pueblo de sus pecados. Pero recelo que muchos profesen ser de su pueblo, y que, sin embargo, Él no los tenga por pueblo suyo; recelo que a muchos que parecen ser los más religiosos entre su pueblo, diga Él mismo alguna vez: *Este pueblo me honra con los labios, pero su corazón está lejos de mí*[79]. Sabe el Señor Jesús los que son suyos, sabe los que escogió desde el principio. *¿Por qué me llamáis, dice, Señor, y no hacéis lo que yo os digo?*[80]. ¿Quieres saber si perteneces a su pueblo, o, más bien, quieres ser de su pueblo? Haz lo que te manda en el Evangelio el Señor Jesús, lo que manda en la ley, lo que manda por los profetas, lo que manda por sus ministros que tiene en la Iglesia; obedece a tus prelados, que son vicarios suyos, no solo a los buenos y modestos, sino a los que son ásperos y duros; aprende del mismo Jesús a ser manso y humilde de corazón; y serás de aquel verdadero pueblo suyo que Él escogió por su heredad; serás de aquel estimable pueblo suyo a quien

---

[79] *Mt.* XV, 8.
[80] *Lc.* VI, 46.

el Señor de los ejércitos bendijo diciendo: *Tú eres obra de mis manos, y mi heredad, Israel*[81]; de quien, para que acaso no sigas al Israel carnal, asegura con su testimonio: *Un pueblo que yo no había conocido se ha sujetado a mí; me ha obedecido al punto que oyó mi voz*[82].

12. Pero oigamos lo que siente el mismo ángel de aquel a quien pone tal nombre aun antes de ser concebido. Dice, pues: *Este será grande y será llamado hijo del Altísimo*[83]. Con razón se dice que será grande el que merecerá ser llamado hijo del Altísimo. ¿Por ventura no es grande aquel *cuya grandeza no tiene fin? ¿Y quién es tan grande, dice, como nuestro Dios?*[84]. Grande es enteramente el que es tan grande como el Altísimo, pues él también es Altísimo. No juzgará el hijo del Altísimo que es una usurpación en él ser igual al Altísimo[85]. Con razón diremos que lo debía juzgar usurpación y robo en sí mismo aquel que, habiendo sido formado ángel de la nada, comparándose, lleno de soberbia, a su Hacedor, pretendía robar lo que es propio del Hijo de Dios; el cual, sin duda, según su forma y naturaleza divina, no fue hecho, sino engendrado de Dios. Pues Dios Padre Altísimo, aunque es omnipotente,

---

[81] *Is.* XIX. 25.
[82] *Ps.* XVII, 45.
[83] *Lc.* I, 32.
[84] *Ps.* CXII, 5.
[85] *Phil. II, 6.*

no pudo, con todo eso, o hacer una criatura igual a sí mismo o engendrar un hijo que fuese desigual. Así hizo grande al ángel, pero no tanto como es Él; y, por consiguiente, no le hizo altísimo. Solamente ni lo reputa usurpación ni lo tiene por injuria que el Unigénito, a quien no hizo, sino que engendró omnipotente, siendo Él omnipotente; altísimo, siendo Él altísimo; coeterno, siendo Él eterno, se compare en todo a Él mismo. Con razón, pues, será este grande, pues será llamado hijo del Altísimo.

13. Pero ¿por qué dice que *será*, y no dice más bien que es grande el que, siempre igualmente grande, no tiene adonde crecer, ni después de su concepción ha de ser mayor que sea o haya sido antes? ¿Acaso se dice que *será*, porque Él mismo, que era Dios grande, ha de ser grande hombre? Bien se dice, pues: *Este será grande.* Grande hombre, grande doctor, grande profeta. De Él se dice en el Evangelio: *Un profeta grande ha aparecido en medio de nosotros*[86]; y por otro profeta menor que él es prometido igualmente como un profeta grande que había de venir: *Mira, dice, que vendrá un profeta grande y él mismo renovará a Jerusalén.* Y tú, a la verdad, ¡oh Virgen!, darás a luz un párvulo, criarás un párvulo, darás de mamar a un párvulo; pero al verle párvulo, contémplale grande. Será grande, porque el Señor le engrandecerá delante de los reyes, de modo que

---

[86] *Lc.*VII, 16.

todos los reyes le adorarán, todas las gentes le servirán. Engrandezca, pues, tu alma también al Señor, *porque será grande y será llamado hijo del Altísimo.* Grande será y hará cosas grandes el que es poderoso y su nombre santo. ¿Qué nombre más santo que llamarse hijo del Altísimo? Sea también engrandecido por nosotros, que somos párvulos, el Señor grande, que, por hacernos grandes, se hizo párvulo. *Un párvulo,* dice el profeta, *nació para nosotros y un párvulo nos han dado*[87]. Para nosotros, repito, no para sí; pues, nacido de su Eterno Padre más noblemente antes de los tiempos, no necesitaba nacer de una Madre en el tiempo. No para los ángeles tampoco, que poseyéndole grande no le solicitaban párvulo. Para nosotros, pues, nació, a nosotros nos le han dado, porque para nosotros era necesario.

14. Empleemos ya al que nació para nosotros y fue dado a nosotros en lo que es el fin por que nació y nos fue dado. Usemos del que es nuestro en utilidad nuestra, saquemos del Salvador la salud. He ahí que el párvulo está puesto en medio de nosotros. ¡Oh párvulo deseado de los párvulos! ¡Oh verdaderamente párvulo, pero en la malicia, no en la sabiduría! Procuremos hacernos como este párvulo, aprendamos de Él a ser mansos y humildes de corazón; no sea que el grande Dios se haya hecho sin fruto hombre pequeño,

---

[87] *Is.* IX, 6.

no sea que en balde haya muerto, no sea que inútilmente haya sido crucificado por nosotros. Aprendamos su humildad, imitemos su mansedumbre, apreciemos su amor, tomemos parte en sus penas, lavémonos en su sangre. Ofrezcámosle a Él mismo como víctima por nuestros pecados, pues para esto nació y nos fue dado a nosotros. Ofrezcámosle a los ojos de su Padre, ofrezcámosle a los suyos mismos, porque el Padre no perdonó a su propio Hijo, sino que por nosotros le entregó; y el mismo Hijo se abatió hasta tal extremo, que tomó la forma de esclavo. Él mismo entregó su vida a la muerte y fue puesto en el número de los malhechores; y Él mismo llevó sobre sí los pecados de muchos y oró por los violadores de la ley para que no pereciesen. No pueden perecer aquellos por quienes el Hijo ruega que no perezcan, por quienes el Padre entregó su Hijo a la muerte para que vivan. Debemos esperar el perdón de ambos igualmente; en los cuales es igual la misericordia en su piedad, igual en la voluntad el poder; una misma substancia en la deidad; en la cual, juntamente con el Espíritu Santo, vive y reina Dios por los siglos de los siglos. Amén.

4

[88]1. No hay duda de que cuanto proferimos en las alabanzas de la Virgen Madre pertenece al Hijo; y que igualmente cuando honramos al Hijo no nos apartamos de la gloria de la Madre. Porque si, como dice Salomón: *El Hijo sabio es gloria del Padre*[89], ¿cuánta mayor gloria será ser Madre de la misma Sabiduría? ¿Pero qué intento yo en las alabanzas de aquella Señora a quien publican digna de alabanza los profetas, lo expresa el ángel, lo declara el Evangelio? Yo, pues, no la alabo, porque no me atrevo, sitio que repito con devoción lo que ya explicó por la boca del evangelista el Espíritu Santo. Prosigue, pues, y dice: *Y le dará el Señor Dios el trono de David, su padre.* Son palabras del ángel a la Virgen sobre el Hijo prometido, asegurando que ha de poseer el reino de David. Que de la prosapia de David trajese su origen el Señor Jesús, nadie lo duda. Pero yo deseo saber cómo le dio el Señor el trono de su padre David, no habiendo reinado en Jerusalén, sino que, antes bien, queriéndole hacer Rey las turbas, no lo consintió, y aun delante de Pilatos protestó diciendo: *Mi reino no es de este mundo*[90]. En fin, ¿qué cosa grande se promete para

---

[88] *PL* CLXXXIII, 78.
[89] *Prov.* X, 1.
[90] *Io.* XVIII, 36.

quien se sienta sobre los querubines, para quien vio el profeta[91] sentado sobre un excelso y elevado solio, en que haya de sentarse en el trono de David, su padre? Pero sabemos que hay otra Jerusalén significada por esta, en que reinó David, y que es aquella mucho más noble y rica. Esa misma, pues, juzgo se entiende aquí según el frecuente modo de hablar de la Escritura, en que se pone muchas veces lo que significa por el significado. A la verdad, le dio Dios el trono de David, su padre, cuando *le constituyó Rey sobre Sión, su monte santo*[92]. Y aquí el profeta parece haber explicado más claramente de qué reino habla, porque no dice en Sión, sino sobre Sión. Por eso quizá dice sobre, porque ciertamente en Sión reinó David, pero está sobre Sión el reino aquel de quien se dijo a David: *Del fruto de tu vientre pondrá sobre tu silla*[93]; de quien se dijo también por otro profeta: Sobre el solio de David y sobre su reino se sentará[94]. ¿No ves cómo en todas partes hallas *sobre? Sobre Sión, sobre la silla, sobre el solio, sobre el reino.* Le dará, pues, el Señor Dios el trono de su padre David; no el figurativo, sino el verdadero; no el temporal, sino el eterno; no el terreno, sino el celestial. El cual por eso (como se ha explicado)

---

[91] *Is.* IV, 1.
[92] *Ps.* II, 6.
[93] *Ps.* CXXXI, 11.
[94] *Is.* IX, 7.

se dice haber sido de David, porque este en que él reinó temporalmente era imagen del eterno.

2. *Y reinará en la casa de Jacob para siempre, y su reino no tendrá fin*[95]. Si aquí igualmente entendiéramos la casa temporal de Jacob, ¿cómo, no siendo eterna, había de reinar en ella eternamente? Se ha de buscar, pues, una casa eterna de Jacob, en que reine eternamente aquel Señor cuyo reino no tendrá fin. Últimamente, ¿acaso aquella provocadora casa de Jacob no le negó impíamente y le desechó neciamente delante de Pilatos, cuando diciendo él: *¿Yo he de crucificar a vuestro Rey?*, respondió gritando a una voz: *No tenemos más Rey que al César*[96]. Busca, pues, al apóstol y te distinguirá al que es judío en lo oculto de aquel que lo es en lo manifiesto; y la circuncisión, que es según el espíritu, de aquella que se hace según la carne; al Israel espiritual del carnal, a los hijos de la fe de Abraham, de los hijos de su carne. *No todos los que son de Israel*[97], dice, *son israelitas, ni todos los que son de la sangre de Abraham son hijos suyos.* Pues prosigue tú también y di: igualmente no todos los que descienden de Jacob son de la casa de Jacob, puesto que Jacob es lo mismo que Israel. Reputa tú en la casa de Jacob solo a aquellos que se encuentran perfectos en la casa de Jacob; o,

---

[95] *Lc.* I, 32.
[96] *Io.* XIX, 15.
[97] *Rom.* II, 28.

más bien, sabe desde luego que estos mismos son la casa espiritual y eterna de Jacob, en que el Señor Jesús reinará para siempre. ¿Quién de nosotros es el que, según la interpretación del nombre de Jacob, hace caer con industria de su corazón al diablo y lucha contra sus vicios y deseos malos para que no reine el pecado en su cuerpo mortal, sino Jesús en él, ahora por la gracia y después eternamente por la gloria? Dichosos aquellos en quienes Jesús reine eternamente, porque ellos también reinarán con él, y su reino no tendrá fin. ¡Oh, qué dichoso es aquel reino en que se congregaron los reyes, concurrieron a una misma cosa, a alabar sin duda y glorificar al que es sobre todos Rey de los reyes y Señor de los señores, cuyo resplandeciente rostro contemplarán los justos, y brillarán como el sol en el reino de su Padre! ¡Oh si de mí, pecador, se acordara también Jesús, según la bondad que se ha dignado mostrar a su pueblo, cuando haya de venir a su reino! ¡Oh si en aquel día, en que ha de entregar el reino a Dios y al Padre, quisiera visitarme con su asistencia saludable, para verle yo colmado de los bienes de sus escogidos, para gozarme yo en la alegría, que es propia de su pueblo, y que esta misma misericordia fuera eterna materia para darle alabanzas en compañía de su heredad! Ven entretanto, Señor Jesús, y quita los escándalos de tu reino, que es mi alma, para que reines (como es razón) en ella. Porque viene la avaricia, y quiere asentar en mí su trono; la jactancia quiere dominarme, la soberbia quiere ser mi rey, la lujuria dice: Yo he de reinar; la detracción, la ira, la envidia combaten en mí mismo, sobre mí mismo, disputando entre sí de cuál de ellas debo ser esclavo principalmente. Yo, cuanto puedo, resisto; cuanto puedo, me esfuerzo; a mi Señor Jesús doy voces, me derramo en su presencia, porque conozco que tiene en mí todo derecho. A Él tengo por mi Dios, a Él tengo por mi dueño, y digo: no tengo otro Rey que al Señor Jesús. Ven, pues, Señor, dispérsalos en la fuerza de tu poder y reinarás en mí, pues tú eres mi Rey y mi Dios, que, solo con mandarlo, has salvado tantas veces a Jacob.

3. *Dijo,* pues, *María al ángel: ¿Cómo se hará esto, porque yo no conozco varón?* Primero, sin duda, calló como prudente, cuando todavía dudosa pensaba entre sí qué salutación sería esta, queriendo más por su humildad no responder que temerariamente hablar lo que no sabía. Pero ya confortada y habiéndolo premeditado bien, hablándola a la verdad en lo exterior el ángel, pero persuadiéndola interiormente Dios (pues estaba con ella según lo que dice el ángel: *El Señor es contigo*); así, pues, confortada, expeliendo sin duda la fe al temor, la alegría al empacho, le dijo al ángel: *¿Cómo se hará esto, porque yo no conozco varón?* No duda del hecho, pregunta acerca del modo y del orden; porque no pregunta si se hará esto, sino cómo. Al modo que si dijera: sabiendo mi Señor que su esclava tiene hecho voto

de no conocer varón; ¿con qué disposición, con qué orden le agradará que se haga esto? Si Su Majestad ordena otra cosa y dispensa en este voto para tener tal Hijo, alégrome del Hijo que me da, pero duéleme que se dispense en el voto; sin embargo, hágase su voluntad en todo; pero, si he de concebir virgen y virgen también he de dar a luz, lo cual, ciertamente, si le agrada, no le es imposible, entonces verdaderamente conoceré que miró la humildad de su esclava. *¿Cómo, pues, se hará esto, porque yo no conozco varón?* Y respondiendo el ángel, le dijo: *El Espíritu Santo vendrá sobre ti y la virtud del Altísimo te cubrirá con su sombra.* Había dicho antes que estaba llena de gracia; pues ¿cómo dice ahora: El Espíritu Santo vendrá sobre ti y la virtud del Altísimo te cubrirá con su sombra? ¿Por ventura podía estar llena de gracia y no tener todavía al Espíritu Santo, siendo Él el dador de las gracias? Y si el Espíritu Santo estaba en ella, ¿cómo todavía se le vuelve a prometer como que vendrá sobre ella nuevamente? Por eso acaso no dijo absolutamente vendrá a ti, sino que añadió *sobre;* porque, aunque a la verdad primero estuvo con María por su copiosa gracia, ahora se la anuncia que vendrá sobre ella por la más abundante plenitud de gracia que en ella ha de derramar. Pero, estando ya llena, ¿cómo podía caber en ella aquello más? Y si todavía puede caber más en ella, ¿cómo se ha de entender que antes estaba lleno de gracia? Acaso la primera gracia había llenado solamente su alma, y al siguiente había de llenar también su seno; a fin de que la plenitud de la Divinidad, que ya habitaba antes espiritualmente en ella, como en muchos de los santos, como en ninguno de los santos comenzase a habitar en ella corporalmente también.

4. Dice, pues: *El Espíritu Santo vendrá sobre ti y la virtud del Altísimo te cubrirá con su sombra.* ¿Qué quiere decir *y la virtud del Altísimo te cubrirá con su sombra?* El que lo pueda entender, lo entienda. Porque ¿quién, exceptuada acaso la que sola mereció experimentar en sí esto felicísimamente, podrá percibir con el entendimiento, discernir con la razón, de qué modo aquel esplendor inaccesible del Verbo eterno se infundió en las virginales entrañas, y para que pudiese sostener que el inaccesible se acercase a ella, de la porcioncita del mismo cuerpo, a la cual estando animada se unió Él mismo, hizo sombra a la demás masa? Y quizá por esto principalmente se dijo: *Te cubrirá con su sombra,* porque sin duda la cosa era un misterio, y lo que la Trinidad sola por sí misma, en sola y con sola la Virgen quiso obrar, solo se concedió saberlo a quien solo se concedió experimentarlo. Dígase, pues: *El Espíritu Santo vendrá sobre ti*; el cual, con su poder, te hará fecunda: *Y la virtud del Altísimo te cubrirá con su sombra;* esto es, aquel modo con que del Espíritu Santo concebirás, de tal suerte Cristo, virtud de Dios y sabiduría de Dios, haciendo sombra, lo encubrirá y ocultará

en su secretísimo consejo, que solo será conocido de Él y de ti. Como si el ángel respondiera a la Virgen: ¿Qué me preguntas a mí lo que experimentarás en ti luego? Lo sabrás, lo sabrás, y felicísimamente lo sabrás, siendo tu doctor el mismo que es el autor. Yo he sido enviado a anunciar la concepción virginal, no a criarla. Ni puede ser enseñada sino por quien la da, ni puede ser aprendida sino por quien la recibe. *Y por eso también lo santo que nacerá de ti será llamado Hijo de Dios.* Que es decir: porque has de concebir, no del hombre, sino del Espíritu Santo, y has de concebir al que es virtud del Altísimo; *por eso también lo santo que nacerá de ti será llamado Hijo de Dios;* esto es, no solo el que viniendo del seno del Padre a tu seno te cubrirá con su sombra, sino también lo que de tu substancia unirá a sí, desde aquel punto ya se llamará Hijo de Dios; así como el que es engendrado por el Padre antes de todos los siglos se reputará desde ahora Hijo tuyo. Pero de tal suerte lo que nació del mismo Padre será tuyo y lo que nacerá de ti será suyo, que con todo eso no serán dos hijos, sino uno solo. Y aunque ciertamente una cosa sea de ti y otra cosa sea de Él, sin embargo, ya no será de cada uno el suyo, sino que un solo Hijo será de ambos.

5. Y por eso *lo santo qué nacerá de ti será llamado Hijo de Dios.* Atiende, te ruego, con cuánta reverencia dijo el ángel: *Lo santo que nacerá de ti.* ¿Por qué dice *santo* absolutamente y sin añadir otra cosa? Yo

creo que porque no tenía con qué nombrar propia y dignamente aquello singular, aquello magnífico, aquello venerable, que de la purísima carne de la Virgen, con su alma, se había de unir al único del Padre. Si dijera carne santa u hombre santo o cualquier otra semejante cosa, le parecería que decía poco. Dijo, pues, *santo* indefinidamente; porque cualquiera cosa que sea lo que la Virgen engendró, santo sin duda, y singularmente santo es, así por la santificación del Espíritu como por la asunción del Verbo.

6. Añadió el ángel: *Y sabe que Isabel, tu parienta, ha concebido un hijo en su senectud.* ¿Qué necesidad había de anunciar a la Virgen la concepción de esta estéril? ¿Por ventura, por estar dudosa todavía e incrédula al oráculo la quiso confirmar el ángel con este prodigio? Nada de esto. Leemos que la incredulidad de Zacarías fue castigada por este mismo ángel, pero no leemos que María fuese reprendida en cosa alguna; antes bien, reconocemos su fe alabada, profetizando de ella Isabel: *Bienaventurada eres en haber creído, porque todo lo que te ha sido dicho de parte del Señor será cumplido en ti*[98]. Por eso se participa a la Virgen la concepción de la prima estéril, para que, añadiéndose un milagro a otro milagro, se aumente su gozo con otro gozo. Ciertamente era preciso que fuese inflamada anticipadamente con un no pequeño incendio de amor y de alegría

---

[98] *Lc.* I, 45.

la que había de concebir luego al Hijo del amor paterno en el gozo del Espíritu Santo. Ni podía caber sino en un devotísimo y alegrísimo corazón tanta afluencia de dulzura y de gozo. O por eso la concepción de Isabel se pone en noticia de María, porque era razón que un prodigio que se había de divulgar luego por todas las partes, lo supiera la Virgen por el ángel antes que lo oyese de los hombres; para que no pareciese que la Madre de Dios estaba apartada de los consejos de su Hijo, si de las cosas que se hacían tan cerca en la tierra permanecía ignorante. O mejor, por eso se anuncia a María la concepción de Isabel, para que, siendo instruida, así de la venida del Salvador como de la venida del Precursor, y fijando en la memoria el tiempo y el orden de las cosas, refiera después mejor la verdad a los escritores y predicadores del Evangelio, como quien ha sido informada por noticias que el cielo le ha comunicado de todos los misterios desde el principio. O por esto todavía se anuncia a María la concepción de Isabel, para que, oyendo hablar de una parienta suya anciana y embarazada, piense ella que es joven en obsequiarla; y, dándose prisa a visitarla, se dé de este modo lugar y ocasión al párvulo profeta de ofrecer las primicias de su oficio a su Señor menor que él, y fomentándose mutuamente la devoción de ambas madres, excitada por uno y otro infante, se haga más admirable un milagro con otro milagro.

7. Pero mira que estas cosas tan magníficas que escuchas anunciadas por el ángel no las esperes cumplidas por él. Y si preguntas por quién, oye al ángel mismo: *Porque no será imposible para Dios toda palabra.* Como si dijera: Esto que tan firmemente prometo, lo presumo en el poder de quien me envió, no en el mío; porque no será imposible para Dios toda palabra. ¿Qué palabra será imposible para aquel Señor que hizo todas las cosas con el poder de su palabra? Llámame la atención en las palabras del ángel, no decir expresamente *porque no será imposible para Dios* todo hecho, sino *toda palabra.* ¿Acaso por eso dijo *palabra*, porque tan fácilmente como pueden hablar los hombres lo que quieren, aun aquello que de ningún modo pueden hacer, tan fácilmente, y aun sin comparación con mayor facilidad, puede Dios cumplir con la obra todo lo que ellos pueden explicar con las palabras? Lo diré más claramente: si fuera tan fácil a los hombres hacer como decir lo que quieren, tampoco para ellos sería imposible toda palabra. Pero porque, como dice el vulgar proverbio, del dicho al hecho hay gran trecho, no respecto de Dios, sino respecto de los hombres, para solo Dios, en quien es lo mismo hacer que hablar y lo mismo hablar que querer, con razón no será imposible toda palabra. Por ejemplo, pudieron prever y predecir los profetas que la virgen o la estéril había de concebir y dar a luz; pero ¿pudieron hacer por ventura que

concibiese y diera a luz? Pero Dios, que les dio a ellos entonces el poder predecirlo, con la facilidad con que entonces pudo predecirlo por medio de ellos, con la misma pudo ahora, cuando quiso, cumplir por sí mismo lo que había prometido. Porque en Dios ni la palabra se diferencia de la intención, porque es Verdad; ni el hecho de la palabra, porque es Poder; ni el modo del hecho, porque es Sabiduría; y por eso no será imposible para Dios toda palabra.

8. Oíste, ¡oh Virgen!, el hecho; oíste el modo también; lo uno y lo otro es cosa maravillosa, lo uno y lo otro es cosa agradable. Gózate, hija de Sión; alégrate, hija de Jerusalén[99]. Y pues a tus oídos ha dado el Señor gozo y alegría, oigamos nosotros de tu boca la respuesta de alegría que deseamos para que con ella entre la alegría y el gozo en nuestros huesos afligidos y humillados. Oíste, vuelvo a decir, el hecho, y lo creíste; cree lo que oíste también acerca del modo. Oíste que concebirás y darás a luz a un hijo; oíste que no será por obra de varón, sino por obra del Espíritu Santo. Mira que el ángel aguarda tu respuesta, porque ya es tiempo que se vuelva al Señor que le envió. Esperamos también nosotros. Señora, esta palabra de misericordia, a los cuales tiene condenados a muerte la divina sentencia, de que seremos librados por tus palabras. Ve que se pone entre tus manos el precio de nuestra salud; al

---

[99] *Zach* IX, 9.

punto seremos librados si consientes. Por la palabra eterna de Dios fuimos todos criados, y con todo eso morimos; pero por tu breve respuesta seremos ahora restablecidos para no volver a morir. Esto te suplica, ¡oh piadosa Virgen!, el triste Adán, desterrado del paraíso con toda su miserable posteridad. Esto Abraham, esto David con todos los santos Padres tuyos, los cuales están detenidos en la región de la sombra de la muerte; esto mismo te pide el mundo todo postrado a tus pies. Y no sin motivo aguarda con ansia tu respuesta, porque de tu palabra depende el consuelo de los miserables, la redención de los cautivos, la libertad de los condenados, la salud, finalmente, de todos los hijos de Adán, de todo vuestro linaje. Da, ¡oh Virgen!, aprisa la respuesta. ¡Ah!, Señora, responde aquella palabra que espera la tierra, que espera el infierno, que esperan también los ciudadanos del cielo. El mismo Rey y Señor de todos, cuanto deseó tu hermosura, tanto desea ahora la respuesta de tu consentimiento; en la cual sin duda se ha propuesto salvar el mundo. A quien agradaste por tu silencio agradarás ahora mucho más por tus palabras, pues Él te habla desde el cielo diciendo: *¡Oh hermosa entre las mujeres, hazme que oiga tu voz!* Si tú le haces oír tu voz, Él te hará ver el misterio de nuestra salud. ¿Por ventura, no es esto lo que buscabas, por lo que gemías, por lo que orando días y noches suspirabas? ¿Qué haces, pues? ¿Eres tú aquella para quien se guardan estas promesas o esperamos otra? No, no; tú misma eres, no es otra. Tú eres, vuelvo a decir, aquella prometida, aquella esperada, aquella deseada, de quien tu santo padre Jacob, estando para morir, esperaba la vida eterna, diciendo: *Tu salud esperaré, Señor*[100]. En quien y por la cual Dios mismo, nuestro Rey, dispuso antes de los siglos obrar la salud en medio de la tierra. ¿Por qué esperarás de otra lo que a ti misma te ofrecen? ¿Por qué aguardarás de otra lo que al punto se hará por ti, como des tu consentimiento y respondas una palabra? Responde, pues, presto al ángel, o, por mejor decir, al Señor por el ángel; responde una palabra y recibe otra palabra; pronuncia la tuya y concibe la divina; articula la transitoria y admite en ti la eterna. ¿Qué tardas? ¿Qué recelas? Cree, di que sí y recibe. Cobre ahora aliento tu humildad y tu vergüenza confianza. De ningún modo conviene que tu sencillez virginal se olvide aquí de la prudencia. En solo este negocio no temas, Virgen prudente, la presunción; porque, aunque es agradable la vergüenza en el silencio, pero más necesaria es ahora la piedad en las palabras. Abre, Virgen dichosa, el corazón a la fe, los labios al consentimiento, las castas entrañas al Criador. Mira que el deseado de todas las gentes está llamando a tu puerta. ¡Ay si, deteniéndote en abrirle, pasa adelante, y después vuelves con dolor a

---

[100] *Gen.* XLIX 18.

buscar al amado de tu alma! Levántate, corre, abre. Levántate por la fe, corre por la devoción, abre por el consentimiento.

9. *He aquí*, dice la Virgen, *la esclava del Señor; hágase en mí según tu palabra.* Siempre suele ser familiar a la gracia la virtud de la humildad, pues Dios resiste a los soberbios y da su gracia a los humildes. Responde, pues, humildemente, para preparar de este modo conveniente trono a la divina gracia. *He aquí, dice, la esclava del Señor.* ¿Qué humildad es esta tan alta que no se deja vencer por las honras ni se engrandece en la gloria? Es escogida por la madre de Dios y se da el nombre de esclava. Por cierto, no es pequeña muestra de su humildad no olvidarse de la humildad en medio de tanta gloria como la que le ofrecen. No es cosa grande ser humilde en el abatimiento, pero es muy grande y muy rara ser humilde en el honor. Y, sin embargo, a vista de esto, yo, hombre miserable y de ningún mérito, si me eleva la Iglesia, engañada de mis disimulos, a algún honor, aunque no sea de los mayores, permitiéndolo Dios así o por mis pecados o por los de mis súbditos, me olvido al momento de quién he sido y me reputo tal en mi interior cual me han reputado los demás hombres que no conocen el corazón. Creo a la fama, no atiendo a la conciencia, y juzgando no la virtud honor, sino el honor virtud, me tengo por más santo cuando me veo más elevado. Verás a muchos en la Iglesia que, hechos nobles de innobles, de pobres

ricos, se ensalzan repentinamente y se olvidan de su antigua bajeza; aun se avergüenzan de su mismo linaje y se desdeñan de sus humildes padres. Verás también hombres adinerados volar a cualesquiera honores eclesiásticos, y luego aplaudirse a sí mismos de santidad precisamente por haber mudado los vestidos y no las almas; y juzgarse merecedores de la dignidad a que llegaron por la ambición, y lo que (si me atrevo a decirlo) alcanzaron con el dinero, atribuirlo a su mérito. Paso en silencio a otros a quienes ciega la ambición y el mismo honor les sirve de materia para su soberbia.

10. Pero veo (no sin mucho dolor) a algunos que, después de haber dejado la pompa del siglo, aprenden a ser soberbios en la escuela de la humildad, y bajo de las alas del manso y humilde Maestro muestran mayor altivez y se hacen más impacientes en el claustro que hubieran sido en el siglo. Y, lo que es todavía más fuera de razón, muchos no sufren ser despreciados en la casa de Dios, que no podrían ser sino despreciables en la suya, pretendiendo sin duda así, ya que no pudieron tener lugar en donde los honores eran apetecidos de todos, a lo menos parecer dignos de honor en donde por todos se menosprecian los honores. Veo también a otros (lo cual no se puede ver sin sentimiento), después de haber comenzado la milicia de Cristo, volverse otra vez a los negocios mundanos, sumergirse otra vez en los deseos de la tierra; levantar con grande

cuidado muros y descuidar las costumbres; con pretexto de la utilidad común, vender sus adulaciones a los ricos y visitar a las mujeres poderosas; aun también, contra lo mandado por el Emperador del cielo, codiciar lo ajeno y querer reintegrarse en lo suyo con litigios; no atendiendo al apóstol, que en nombre del Rey levanta la voz: *Es ya un pecado entre vosotros el tener pleitos unos con otros; ¿por qué no toleráis antes el agravio?*[101]. ¿Pues qué, de tal suerte han crucificado el mundo a sí mismos y a sí mismo al mundo que los que antes en su lugar o aldea apenas eran conocidos, ahora, rodeando las provincias y frecuentando las cortes, han conseguido el conocimiento de los reyes y la familiaridad de los príncipes? ¿Qué diré del mismo hábito, en que ya no se busca el calor, sino el color, y se cuida más del lustre de los vestidos que de las virtudes? ¡Vergüenza da el decirlo! Queda muy atrás la viva afición a adornarse, propia de las mujeres del siglo, cuando con tanto cuidado solicitan los monjes el precio en los vestidos, no la necesidad; a lo menos dan a entender en esto que, despojándose de la forma de religión, desean no ser armados, sino adornados los mismos que hicieron profesión de soldados de Cristo; los cuales, cuando debían prevenirse para la batalla y poner delante, contra las potestades del infierno, las insignias de la pobreza (que ciertamente ellas

---

[101] *Cor.* VI, 7.

temen mucho), mostrando más en la delicadeza de sus vestidos las señales de paz, voluntariamente se entregan, sin haber recibido herida y desarmados, al enemigo. Ni tienen otra causa semejantes males, sino que, desamparando aquella humildad con que habíamos dejado el siglo, impelidos ya por esto mismo a seguir los frívolos cuidados de los hombres mundanos, nos hacemos semejantes a los animales, que vuelven al vómito.

11. Oigamos, pues, todos los que hallamos algo de esto en nosotros mismos lo que responde aquella Señora que era escogida para Madre de Dios, pero que no se olvidaba de su humildad. *He aquí, dice, la esclava del Señor; hágase en mí según tu palabra.* Esta palabra *hágase* significa el deseo que la Virgen tenía de este misterio, y no que tuviese duda alguna sobre el cumplimiento de lo prometido. Aunque nada impide que digamos que es palabra de oración, en que pide lo que le prometen, pues nadie pide orando sino lo que cree y espera. Quiere Dios que le pidan aun aquello que promete. Y por eso acaso muchas cosas que dispuso dar las promete primero, para que se excite la devoción por la promesa; y así, lo mismo que había de dar graciosamente, sea merecido por la oración devota. De esta suerte, el piadoso Señor, que quiere que todos los hombres sean salvados, saca de nosotros para nosotros mismos los méritos, y, anticipándose a darnos aquello con que nos recompensa, graciosamente

hace que no sea graciosamente. Esto sin duda entendió la Virgen prudente, cuando, al anticipado don de la gratuita promesa, juntó el mérito de su oración diciendo: *Hágase en mí según tu palabra.* Hágase en mí del Verbo según tu palabra; el Verbo, que en el principio estaba en Dios, hágase carne de mi carne según tu palabra. Hágase en mí, suplico, la palabra, no pronunciada que pase, sino concebida que permanezca, vestida ciertamente no de aire, sino de carne. Hágase en mí no solo perceptible al oído, sino también visible a los ojos, palpable a las manos, fácil de llevar en mis hombros. Ni se haga en mí la palabra escrita y muda, sino encarnada y viva; esto es, no escrita en mudos caracteres, en pieles muertas, sino impresa vitalmente en la forma humana en mis castas entrañas, y esto no con el rasgo de una pluma, sino por obra del Espíritu Santo. Para decirlo de una vez, hágase para mí de aquel modo con que para ninguno se ha hecho hasta ahora antes de mí y para ninguno después de mí se ha de hacer. De muchos y varios modos habló Dios en otro tiempo a nuestros padres por sus profetas, y también se hace mención en las Escrituras de que la palabra de Dios se hizo para unos en el oído, para otros en la boca, para otros aun en la mano; pero yo pido que para mí se haga en mi seno según tu palabra. No quiero que se haga para mí o predicada retóricamente, o significada figuradamente, o soñada imaginariamente, sino inspirada silenciosamente, encarnada personalmente, entrañada corporalmente. El Verbo, pues, que ni puede hacerse en sí mismo ni lo necesita, dígnese en mí, dígnese también para mí ser hecho según tu palabra. Hágase desde luego generalmente para todo el mundo, pero hágase para mí con especialidad según tu palabra.

EXCUSASE SAN BERNARDO A SÍ MISMO POR HABER EXPLICADO ESTE PASAJE DEL EVANGELIO DESPUÉS DE OTROS EXPOSITORES

He expuesto la lección del Evangelio como he podido; ni ignoro que no a todos agradará este mi pensamiento, sino que sé que por esto me he expuesto a la indignación de muchos, y que reprenderán mi trabajo por superfluo o me juzgarán presumido; porque, después que los Padres han explicado plenísimamente este asunto, me he atrevido yo, como nuevo expositor, a poner mi mano en lo mismo. Pero si he dicho algo después de los Padres que, sin embargo, no es contra los Padres, ni a los Padres ni a otro alguno juzgo que debe desagradar. Donde he dicho lo mismo que he tomado de los Padres, esté muy lejos de mí el aire de presunción para que no me falte el fruto de la devoción, y yo con paciencia oiré a los que se quejaren de la superfluidad de mi trabajo. Con todo eso, sepan los que me reprenden de una ociosa y nada necesaria exposición que no he pretendido tanto exponer el Evangelio como tomar ocasión del Evangelio para hablar lo que era deleite de mi alma. Pero si he pecado en que más antes he excitado en esto mi propia devoción que he buscado la común utilidad, poderosa será la Virgen para excusar este pecado mío delante de su Hijo, a quien he dedicado esta pequeña obra, tal cual ella sea, con toda mi devoción.

EN LA NATIVIDAD
DE LA BIENAVENTURADA
VIRGEN MARÍA

(8 de septiembre)

Sermón llamado «del acueducto»[1]

Cuando el cielo goza ya de la presencia de la Virgen fecunda, la tierra venera su memoria. Allí se halla la posesión de todo bien, aquí el recuerdo; allí la saciedad, aquí una tenue prueba de las primicias; allí la realidad, aquí el nombre. *Señor,* dice el salmista, *tu nombre permanece para siempre, y tu memoria pasará de generación en generación*[2]. Esta generación y generación no es de ángeles, a la verdad, sino de hombres. ¿Queréis saber cómo su nombre y su memoria están en nosotros y su presencia en las alturas? Oíd al Salvador cuando dice: *Habéis de orar así: Padre nuestro que estás en los cielos, santificado sea tu nombre*[3]. Fiel oración, cuyos principios nos avisan de la divina adopción y de la terrena peregrinación, a

---

[1] *PL* CLXXXIII, 437
[2] *Ps.* CI. 13.
[3] *Mt.* VI, 9.

fin de que, sabiendo que mientras no estamos en el cielo vivimos alejados del Señor y fuera de nuestra patria, gimamos dentro de nosotros mismos aguardando la adopción de hijos, o sea, la presencia del Padre. Por tanto, expresamente habla de Cristo el profeta cuando dice: *Cual espíritu que anda delante de nosotros es Cristo nuestro Señor; bajo su sombra viviremos entre las gentes*[4] porque entre las celestiales bienaventuranzas no se vive en la sombra, sino más bien en el esplendor. *En los esplendores de los santos,* dice, *de mi seno te engendré antes del lucero*[5]. Pero esto, sin duda, el Padre.

2. Pero la madre no le engendró al mismo en el esplendor, sino en la sombra; pero no en otra sombra que con la que el Altísimo la cubrió. Justamente por eso canta la Iglesia, no aquella Iglesia de los santos, que está en las alturas y en el esplendor, sino la que peregrina todavía en la tierra: *A la sombra de aquel que había deseado me senté, y su fruto es dulce al paladar mío*[6]. Había pedido que se le mostrase la luz del mediodía, en donde el Esposo apacienta su rebaño, pero fue contrariada en su deseo, y en lugar de la plenitud de la luz recibió la sombra, en lugar de la saciedad, el gusto. Finalmente, no dice: A la sombra que yo había deseado, sino: A la sombra de aquel

---

[4] *Thren.* IV, 20.
[5] *Ps.* CIX, 3.
[6] *Cant.* II, 3.

a quien yo había deseado me senté, pues no había deseado la sombra, sino el resplandor del mediodía, la luz llena de quien es luz llena. *Y su fruto, añade, dulce a mi paladar.* ¿Hasta cuándo me has de negar tu compasión, sin permitirme el respirar y tragar siquiera mi saliva?[7]. ¿Cuándo llegará el día en que se cumpla esta sentencia: *Gustad y ved cuán suave es el Señor?*[8]. Sin duda es suave al gusto y dulce al paladar, por lo cual se comprende perfectamente que, en vista de ello, prorrumpiera la esposa en voces de acción de gracias y de alabanza.

3. Pero ¿cuándo se dirá: *Comed, amigos, y bebed y embriagaros, amadísimos?*[9]. Los justos, dice el profeta, *coman en convite,* pero *delante de Dios*[10], no en la sombra. Y de sí mismo dice: *Seré saciado cuando aparezca tu gloria.* También el Señor dice a los apóstoles: *Vosotros sois los que permanecisteis conmigo en mis tentaciones y yo dispongo para vosotros, así como mi Padre le dispuso para mí el reino, para que comáis y bebáis sobre mi mesa*[11]. ¿En dónde? *En mi reino,* dice. Dichoso aquel que coma el pan en el reino de Dios. Sea, pues, tu nombre santificado, por el cual de algún modo ahora estás, Señor, en nosotros, habitando por la fe en nuestros corazones,

---

[7] *Iob.* VII, 19.
[8] *Ps.* XXXIII, 9.
[9] *Cant. V, 1.*
[10] *Ps.* LXVII, 3.
[11] *Lc.* XXII, 28-30,

puesto que ya ha sido invocado sobre nosotros tu nombre. Vénganos tu reino. Venga, ciertamente, lo que es perfecto y sea acabado lo que es en parte. *Tenéis,* dice el apóstol, *por fruto de vuestras obras la santificación, pero será su fin la vida eterna*[12]. La vida eterna es fuente indeficiente que riega toda la superficie del paraíso. No solo la riega, sino que la embriaga, como fuente de los huertos, pozo de aguas vivas que corren con ímpetu desde el Líbano, y el ímpetu del río alegra la ciudad de Dios[13]. Pero ¿quién es la fuente de la vida, sino Cristo Señor? *Cuando aparezca Cristo, que es vuestra vida, entonces también apareceréis vosotros con Él en la gloria*[14]. A la verdad, la misma plenitud se anonadó a sí misma para hacerse para nosotros justicia, santificación y remisión, no apareciendo todavía vida o gloria o bienaventuranza. Corrió la fuente hasta nosotros y se difundieron las aguas en las plazas, aunque no beba el ajeno de ellas. Descendió por un acueducto aquella vena celestial, no ofreciendo, con todo ello, la copia de una fuente, sino infundiendo en nuestros áridos corazones las gotas de la gracia, a unos, ciertamente, más, a otros, menos. El acueducto, sin duda, lleno está para que los demás reciban de la plenitud, pero no la misma plenitud.

---

[12] *Rom.* VI, 22.
[13] *Ps.* XLV, 5.
[14] *Col.* III, 4,

4. Ya habéis advertido, si no me engaño, quién quiero decir que es este acueducto que, recibiendo la plenitud de la misma fuente del corazón del Padre, nos la franqueó a nosotros, si no del modo que es en sí misma, a lo menos según podíamos nosotros participar de ella. Sabéis, pues, a quién se dijo: *Dios te salve, llena de gracia.* Pero ¿acaso admiraremos que se pudiese encontrar de que se formase tal y tan grande acueducto, cuya cumbre, al modo de aquella escala que vio el patriarca Jacob, tocase en los cielos, más bien, sobrepasase también los cielos y pudiese llegar a aquella vivísima fuente de las aguas que están sobre los cielos? Se admiraba también Salomón y, al modo del que desespera, decía: *¿Quién hallará una mujer fuerte?*[15]. A la verdad, por eso faltaron durante tanto tiempo al género humano las corrientes de la gracia, porque todavía no estaba interpuesto este deseable acueducto de que hablamos ahora. Ni nos admiraremos de que fuese aguardado largo tiempo, si recordamos cuántos años trabajó Noé, varón justo, en la fábrica del arca, en la cual solo unas pocas almas, esto es, odio, se salvaron, y esto para un tiempo bastante corto.

5. Pero ¿cómo llegó este nuestro *acueducto* a aquella fuente tan sublime? ¿Cómo? Con la vehemencia del deseo, con el fervor de la devoción y con la pureza de la oración, según está escrito: *La*

---

[15] *Prov.* XXXI, 10.

oración del justo penetra los cielos. A la verdad, ¿quién será justo, si no lo es María, de quien nació para nosotros el Sol de justicia? ¿Y cómo hubiera podido llegar hasta tocar aquella majestad inaccesible, sino llamando, pidiendo y buscando? Sí, halló lo que buscaba aquella a quien se dijo: *Has hallado gracia a los ojos de Dios.* ¿Qué? ¿Está llena de gracia y todavía halla más gracia? Digna es, por cierto, de hallar lo que busca, pues no la satisface la propia plenitud, ni está contenta aún con el bien que posee, sino que, así como está escrito: *El que de mí bebe, tendrá sed todavía*[16], pide el poder rebosar para la salvación del universo. *El Espíritu Santo,* le dice el ángel, *descenderá sobre ti,* y en tanta copia, en tanta plenitud infundirá en ti aquel bálsamo precioso, que se derramará copiosamente por todas partes. Así es, ya lo sentimos, ya se alegran nuestros rostros en el óleo. Pero esto, ciertamente, no es en vano; y si el aceite se derrama, no por eso perece. Por esto, sin duda, también las vírgenes, esto es, las almas todavía párvulas, aman al Esposo y no poco. Y no solo recibió la barba aquel ungüento que descendía de la cabeza, sino también las mismas fimbrias del vestido le recibieron.

6. Mira, hombre, el consejo de Dios, reconoce el consejo de la sabiduría, el consejo de la piedad. Habiendo de regar toda la era con el rocío celestial,

---

[16] *Eccli.* XXIV, 29.

humedeció primero todo el vellocino; habiendo de redimir todo el linaje humano, puso todo el precio en María. ¿Con qué fin hizo esto? Quizá para que Eva fuese disculpada por la hija y cesase la queja del hombre contra la mujer para siempre. No digas ya jamás, Adán: *La mujer que me diste me ofreció del árbol prohibido*[17]; di más bien: La mujer que me diste me ha dado a comer del fruto bendito. Consejo piadosísimo, sin duda, pero no es esto todo acaso; hay otro todavía oculto. Verdad es lo que se ha dicho, pero aún es poco (si no me engaño) a vuestros deseos. Dulzura de leche es; se sacará, acaso, si con más fuerza apretamos la crasitud de la manteca. Contemplad, pues, más altamente con cuánto afecto de devoción quiso fuese honrada María por nosotros aquel Señor que puso en ella toda la plenitud del bien, para que, consiguientemente, si en nosotros hay algo de esperanza, algo de gracia, algo de salud, conozcamos que redunda de aquella que subió rebosando en delicias. Huerto es, en verdad, de delicias que no solamente inspiró viniendo, sino que agitó dulcemente con sus soberanos soplos aquel austro divino, sobreviniendo en ella, para que por todas partes fluyan y se difundan sus aromas, los dones, es a saber, de las gracias. Quita este cuerpo solar que ilumina al mundo, ¿cómo podría haber día? Quita a María, esta estrella

---

[17] *Gen.* III, 12.

del mar, del mar sin duda grande y espacioso, ¿qué quedará, sino oscuridad, que todo lo ofusque, sombra de la muerte todo y densísimas tinieblas?

7. Con todo lo íntimo, pues, de nuestra alma, con todos los afectos de nuestro corazón y con todos los sentimientos y deseos de nuestra voluntad, veneremos a María, porque esta es la voluntad de aquel Señor que quiso *que todo lo recibiéramos por María*. Esta es, repito, su voluntad, pero para bien nuestro. Puesto que, mirando en todo y por todo al bien de los miserables, consuela nuestro temor, excita nuestra fe, fortalece nuestra esperanza, disipa nuestra desconfianza y anima nuestra pusilanimidad. Recelabas acercarte al Padre, y aterrado con solo oír su voz huías a esconderte entre las hojas. Él te dio a Jesús por mediador. ¿Qué no conseguirá tal Hijo de Padre tal? Será oído sin duda por su respeto, pues el Padre ama al Hijo. Pero recelas acaso llegarte también a Él. Hermano tuyo es, tu carne es, tentado en todas las cosas sin pecado para hacerse misericordioso. Este hermano te lo dio María. Pero, por ventura, en Él también miras con temblor su majestad divina, porque, aunque se hizo hombre, con todo eso permaneció Dios. ¿Quieres tener un abogado igualmente para con Él? Pues recurre a María. Porque se halla la humanidad pura en María, no solo pura de toda contaminación, sino pura de toda mezcla de otra naturaleza. No me cabe la menor duda: será ella oída también por tu

respeto. Oirá sin duda el Hijo a la Madre, y oirá el Padre al Hijo. Hijos amados, esta es la escala de los pecadores, esta es mi mayor confianza, esta es toda la razón de la esperanza mía. ¿Pues qué? ¿Podrá acaso el Hijo repeler, o padecer Él repulsa? ¿Podrá el Hijo no ser atendido por su Padre o rechazar los ruegos de su Madre? No, no; mil veces no. *Hallaste,* dice el ángel, *gracia en los ojos de Dios.* Dichosamente. Siempre ella encontrará la gracia, y sola la gracia es de lo que necesitamos. La prudente Virgen no buscaba sabiduría, como Salomón; ni riquezas, ni honores, ni poder, sino gracia. A la verdad, sola es la gracia por la que nos salvamos.

8. ¿Para qué deseamos nosotros, hermanos, otras cosas? Busquemos la gracia, y busquémosla por María, porque ella encuentra lo que busca y no puede verse frustrada. Busquemos la gracia, pero la gracia en Dios, pues en los hombres la gracia es falaz. Busquen otros el mérito; nosotros procuremos cuidadosamente hallar la gracia. ¿Pues qué? ¿Por ventura, no es gracia el estar aquí? Verdaderamente misericordia del Señor es que no hayamos sido consumidos nosotros. ¿Y quiénes somos nosotros? Nosotros, tal vez, perjuros; nosotros, adúlteros; nosotros, homicidas; nosotros, ladrones; la basura, sin duda, del mundo. Consultad vuestras conciencias, hermanos, y ved que donde abundó el delito sobreabundó también la gracia. María no alega el mérito, sino que busca la gracia. A la verdad, en

tanto grado confía en la gracia y no presume de sí
altamente, que se recela de la misma salutación del
ángel. *María, dice, pensaba qué salutación sería esta.*
Sin duda, se reputaba indigna de la salutación del
ángel. Y acaso meditaba dentro de sí misma: ¿De
dónde a mí esto, que el ángel de mi Señor venga a
mí? No temas, María, no te admires de que venga el
ángel, que después de él viene otro mayor que él. No
te admires del ángel del Señor, el Señor del ángel
está contigo. ¿Qué mucho que veas a un ángel
viviendo tú ya angélicamente? ¿Qué mucho es que
visite el ángel a una compañera de su vida? ¿Qué
mucho que salude a la ciudadana de los santos y
familiar del Señor? Angélica vida es, ciertamente, la
virginidad, pues los que no se casan ni son casados
serán como los ángeles de Dios.

9. ¿No veis cómo también de este modo nuestro
acueducto sube a la fuente, ni ya con sola la oración
penetra los cielos, sino igualmente con la incorrup-
ción, la cual nos une con Dios, como dice el Sabio?
Era la Virgen santa en el cuerpo y en el espíritu, y
podía decir con especialidad: *Nuestro trato es en el
cielo*[18]. Santa era, repito, en el cuerpo y en el espíritu, para que nada dudes acerca de este *acueducto.*
Sublime es en gran manera, pero no menos permanece enterísimo. Huerto cerrado es, fuente sellada,
templo del Señor, sagrario del Espíritu Santo. No

---

[18] *Phil.* III, 20.

era virgen fatua, pues no solo tenía su lámpara llena de aceite, sino que guardaba en su vasija la plenitud de él. En su corazón había dispuesto los grados para subir hasta el lugar santo por medio de la asidua oración y una vida santísima, y así vemos que subió a las montañas de Judea con mucha prisa, saludó a Isabel y permaneció en su asistencia como tres meses, de suerte que ya entonces podía decir la Madre de Dios a la madre de Juan lo que mucho tiempo después dijo el Hijo de Dios al hijo de Isabel: *Déjame hacer ahora, que así es como conviene que cumplamos nosotros toda justicia*[19]. Puede afirmarse con toda verdad que esta Virgen al subir a las montañas de Judea se elevó más que los más altos montes de Dios, lo cual constituye el tercer ascenso de la Virgen, a fin de que se cumpliera en ella aquello de que con dificultad se rompe la cuerda tres veces doblada. Hervía, pues, la caridad en buscar la gracia, resplandecía en el cuerpo la virginidad y sobresalía la humildad en el obsequio. Pues si todo aquel que se humilla será ensalzado, ¿qué cosa más sublime que esta humildad? Se admiraba Isabel de su venida, y decía: *¿De dónde a mí esto, que la Madre de mi Señor venga a mí?*[20]. Pero mucho más debiera haberse admirado de que María se anticipara a lo que más tarde debía decir su Hijo: No vine a ser

---

[19] *Mt.* XXI, 15.
[20] *Lc.* I, 43.

servido, sino a servir. Con razón, por tanto, aquel cantor divino, llevado de su admiración profética, decía de ella: *¿Quién es esta que va subiendo cual aurora naciente, hermosa como la luna, escogida, como el sol; terrible como un ejército formado en batalla?*[21]. Sube ciertamente sobre el linaje humano, sube hasta los ángeles, pero a estos también los sobrepuja y se eleva sobre toda criatura celestial. Sin duda que sobre los mismos ángeles es forzoso que vaya a recibir aquella agua viva que ha de difundir sobre los hombres.

10. *¿Cómo,* dice, *se hará esto, porque yo no conozco varón?* Verdaderamente es santa en el cuerpo y en el espíritu, teniendo no solo la integridad de la virginidad, sino el propósito firme de conservarla incólume. Mas respondiendo el ángel, le dijo: *El Espíritu Santo sobrevendrá en ti, y la virtud del Altísimo te hará sombra.* Como si dijera: No me preguntes a mí esto, porque es cosa superior a mi comprensión y no podría declarártelo. El Espíritu Santo, no el espíritu angélico, sobrevendrá en ti, y la virtud del Altísimo te hará sombra, no yo. No te pares ni siquiera entre los ángeles, Virgen santa; mucho más sublime está lo que la tierra sedienta espera que se le dé a beber por ministerio tuyo. Un poco que les pases a ellos hallarás a quien ama tu alma. Un poco, repito, no porque tu Amado no sea superior a ellos

---

[21] *Cant.* VI, 9.

incomparablemente, sino porque nada encontrarás que medie entre Él y ellos. Pasa, pues, las virtudes y las dominaciones, los querubines y los serafines, hasta que llegues a Aquel de quien alternativamente están clamando: *Santo, santo, santo es el Señor Dios de los ejércitos. Pues el fruto santo que nacerá de ti se llamará Hijo de Dios*[22]. Fuente es de la sabiduría el Verbo del Padre en las alturas. Pero este Verbo por medio de ti se hará carne, para que Aquel que dice: *Yo estoy en el Padre y el Padre en mí*[23], diga igualmente: *Porque yo procedí de Dios y he venido de parte de Dios. En el principio,* dice san Juan, *era el Verbo.* Ya brota la fuente, pero por ahora solo en sí misma. Añade luego: *Y el Verbo estaba en Dios,* habitando una luz inaccesible, y decía el Señor desde el principio: *Yo medito pensamientos de paz y de aflicción*[24]. Pero en ti, Señor, está tu pensamiento, y lo que piensas lo ignoramos nosotros. Porque ¿quién pudo jamás conocer los designios del Señor o quién fue su consejero? Descendió, pues, el pensamiento de la paz a la obra de la paz: *el Verbo se hizo carne y habita ya entre nosotros.* Habita por la fe en nuestros corazones, habita en nuestra memoria, habita en nuestro pensamiento y desciende hasta la misma imaginación. Porque ¿qué idea se formaría antes el

---

[22] *Is.* VI, 3.
[23] *Io.* XIV, 10.
[24] *Ier.* XIX, 11.

hombre de Dios? ¿No se le representaba en su corazón bajo la forma de un ídolo?

11. Incomprensible era e inaccesible, invisible
y superior a toda humana inteligencia. Pero ahora
quiso ser comprendido, quiso ser visto, quiso que
pudiésemos pensar en Él. ¿De qué modo, me preguntas? Echado en el pesebre, reposando en el virginal regazo, predicando en el monte, pernoctando
en la oración; o bien pendiente de la cruz, ponién-
dose pálido en la muerte, libre entre los muertos y
mandando en el infierno; o también resucitando al
tercer día y mostrando a los apóstoles las hendiduras de los clavos, insignias de su victoria; últimamente subiendo a lo más alto de los cielos a vista
de los mismos apóstoles. ¿Qué cosa de estas no se
piensa verdadera, piadosa y santamente? Cualquiera
de estas cosas que yo piense, pienso en mi Dios y en
todas estas cosas. Él es mi Dios. El meditar, pues,
estos misterios lo llamé sabiduría, y juzgué por prudencia el refrescar incesantemente la memoria de la
suavidad de estos dulces frutos, que produjo copiosamente la vara sacerdotal que María fue a coger en
las alturas para difundirlos con la mayor abundancia en nosotros. La recibió, sin duda, en las alturas
y sobre los ángeles, puesto que recibió al Verbo del
mismo corazón del Padre, según está escrito: *El día
anuncia al día la palabra*[25]. Verdaderamente es día el

---

[25] *Ps.* XVIII, 2.

Padre, pues es día del día la salud de Dios. ¿Acaso no es también día María? Y esclarecido. Resplandeciente día es, sin duda, la que procedió como la aurora resurgente, hermosa como la luna, escogida como el sol.

12. Contempla, pues, cómo se elevó hasta los ángeles por la plenitud de la gracia y por encima de los ángeles al descender sobre ella el Espíritu Santo. Hay en los ángeles caridad, hay pureza, hay humildad. ¿Cuál de estas cosas no resplandeció en María? Pero de esto ya os hemos hablado antes del modo que hemos podido; prosigamos en ver su excelencia singular. ¿A quién de los ángeles se dijo alguna vez: *El Espíritu Santo descenderá sobre ti, y la virtud del Altísimo te hará sombra. Y por eso el fruto santo que nacerá de ti se llamará Hijo de Dios?* La verdad nació de la tierra, no de la criatura angélica, puesto que no tomó la naturaleza de los ángeles para salvarlos, sino que tomó la semilla de Abraham para redimir a sus hijos. Cosa excelsa es para el ángel el ser ministro del Señor, pero otra cosa más sublime mereció María, que fue la de ser Madre del Señor. Así la fecundidad de la Virgen es una gloria sobreeminente, y por este privilegio único fue sublimada sobre todos los ángeles, tanto más cuanto supera el nombre de Madre de Dios al de simples ministros suyos. A ella la encontró la gracia llena de gracia, para que, fervorosa en la caridad, en la virginidad íntegra, en la humildad devota, concibiese sin

conocer varón y diera a luz igualmente sin dolor ni menoscabo de su virginidad. Más aún, el fruto que nació de ella se llama santo y es Hijo de Dios.

13. En lo demás, hermanos, debemos procurar con el mayor cuidado que aquella Palabra que salió de la boca del Padre para nosotros por medio de la Virgen, no se vuelva vacía, sino que por mediación de Nuestra Señora volvamos gracia por gracia. Mientras suspiramos por la presencia, fomentemos con toda nuestra atención su memoria, y así sean restituidas a su origen las corrientes de la gracia para que fluyan después más copiosamente. De otra suerte, si no vuelven a la fuente se secarán, y siendo infieles en lo poco no merecemos recibir lo que es máximo. Poco es ciertamente la memoria en comparación con la presencia, poco en comparación con lo que deseamos, pero grande cosa es respecto de lo que merecemos; inferior es respecto del deseo, pero muy superior al mérito. Sabiamente, por tanto, la Esposa, aun por esto poco, se congratula a sí misma en gran manera, puesto que habiendo dicho: *Muéstrame dónde tienes los pastos, dónde reposas al llegar el mediodía*[26] aunque recibió muy poco en comparación con lo que había pedido, pues en vez del pasto de mediodía solo gustó el sacrificio de la tarde, sin embargo de ningún modo se lamenta de ello, como suele suceder, ni se contrista, sino que da gracias

---

[26] *Cant.* I, 6.

al Amado y en todo se muestra más devota. Sabe muy bien que si es fiel en la sombra de la memoria, obtendrá sin duda la luz de la presencia. Así, los que hacéis memoria del Señor, no guardéis silencio, no permanezcáis mudos, aunque, a la verdad, los que tienen presente al Señor no necesitan de exhortación, y aquellas palabras del profeta: *Alaba, Jerusalén, al Señor, alaba a tu Dios, Sión,* más bien son de congratulación que de amonestación, pero los que caminan aún en la fe necesitan de amonestación para que no callen y no respondan al Señor con el silencio, porque Él hace oír su voz y habla palabras de paz para su pueblo y para sus santos y para todos aquellos que se vuelven a Él de corazón. Por esto se dice en el salmo: *Con el santo serás santo, y con el varón inocente, inocente*[27], y oirá al que le oye y hablará al que le habla. De otra suerte le habrás dado silencio, si tú callas. Pero ¿si tú callas de qué? De la alabanza. *No calléis,* dice, *y no le deis silencio hasta que establezca y ponga a Jerusalén alabanza en la tierra*[28]. La alabanza de Jerusalén es gustosa y hermosa alabanza, a no ser que acaso juzguemos que los ciudadanos de Jerusalén se deleitan de las alabanzas mutuas y que se engañan recíprocamente con la vanidad.

---

[27] *Ps.* XVII, 26.
[28] *Is.* LXII, 7.

14. Hágase tu voluntad, ¡oh Padre!, así en la tierra como en el cielo, para que las alabanzas que resuenan en Jerusalén resuenen también en la tierra. Pero ¿qué sucede ahora? El ángel no busca gloria de otro ángel en Jerusalén, pero el hombre desea ser alabado por el hombre en la tierra. ¡Execrable perversidad!, pero solo propia de aquellos que tienen ignorancia de Dios, que viven olvidados del Señor Dios suyo; en cuanto a vosotros, que os acordáis del Señor, no ceséis de publicar sus alabanzas hasta que resuenen cumplidamente en toda la tierra. Hay un silencio irreprensible, más aún, loable, como también hay palabras que no son buenas. De otra suerte no diría el profeta que era bueno aguardar en silencio la salud que viene de Dios[29]. Bueno es que la jactancia guarde silencio, bueno es que la blasfemia se calle, bueno es que enmudezca la murmuración y la detracción. Acontece que alguno, exasperado por la magnitud del trabajo y peso del día, murmura en su corazón y juzga temerariamente a los que velan por su alma, como que han de dar cuenta de ella. Esta murmuración equivale a un grito clamoroso que procede de un corazón endurecido y que le impide oír la voz de Dios. Otros, por la pusilanimidad de su espíritu, desmayan en la esperanza, y esta viene a ser como una horrible blasfemia, que ni en este siglo ni en el futuro se perdona. Otros,

---

[29] *Thren.* III, 26.

en fin, aspiran a cosas grandes y muy superiores a su capacidad, diciendo: Nuestra mano es robusta, creyéndose algo cuando en realidad son una pura nada. ¿Qué le hablará a este aquel Señor que no habla sino de paz? Ese tal dice: Rico soy y de nadie necesito, mientras que el que es la verdad clama: ¡Ay de vosotros, ricos!, porque ya tenéis aquí vuestra consolación[30]. Y en otra parte añade: Bienaventurados los que lloran, porque ellos serán consolados[31]. Calle, pues, en nosotros la lengua maldiciente, la lengua blasfema, la lengua orgullosa y altanera, porque es bueno aguardar en este triplicado silencio la salud que viene de Dios, a fin de que así podamos decir: Habla, Señor, porque tu siervo escucha[32]. Semejantes voces no se dirigen a Él, sino contra Él, según aquello que decía Moisés a los murmuradores: No es contra mí vuestra murmuración, sino contra el Señor[33].

Mas de tal suerte has de callar en estas tres cosas, que no enmudezcas del todo, guardando con Dios absoluto silencio. Háblale contra la jactancia por la confesión, para que alcances perdón de lo pasado. Háblale contra la murmuración con la acción de gracias, para que te conceda más abundante gracia en la presente vida. Háblale contra la desconfianza

---

[30] Lc. VI, 24.
[31] Mt. V, 5.
[32] I Reg. III, 10.
[33] Ex. XVI, 8.

en la oración, para que consigas también la gloria en lo futuro. Confiesa, repito, lo pasado, y da gracias por lo presente, y en adelante ora con más cuidado por lo futuro, a fin de que Él a su vez no calle en la remisión, ni en la donación de sus gracias ni en sus promesas. No calles, repito, no guardes silencio en su presencia. Háblale para que también Él te hable y pueda decirte: *Mi amado es para mí y yo para él*[34]. Voz agradable es esta; dulce palabra. Sin duda no es esta voz de murmuración, sino de tórtola. No me digas: *¿Cómo hemos de cantar los cánticos del Señor en la tierra extraña?*[35], porque no debe reputarse tierra extraña aquella de la cual dice el Esposo: *La voz de la tórtola se ha oído ya en nuestra tierra.* Había, pues, oído el que decía: *Cogednos las zorras pequeñas,* y por eso acaso prorrumpió en voces de gozo, diciendo: *Mi amado es para mí y yo para él.* Sin duda voz de tórtola que con una castidad singular persevera para su consorte, así vivo como muerto, para que ni la muerte ni la vida la separen de la claridad de Cristo. Mira, pues, si hubo algo que pudiese apartar al amado de la amada, cuando ves que persevera unido a ella aun pecando y estando apartada de Él. Porfiaban envueltas entre sí las nubes en ofuscar los rayos para que nuestras iniquidades nos apartasen de Dios. Pero desplegó su fervor el Sol

---

[34] *Cant.* II, 16.
[35] *Ps.* CXXXVI, 4.

y lo disipó todo. De otra suerte, ¿cuándo hubieras tú vuelto a Él, si Él no hubiera perseverado para ti, si Él no hubiera clamado: *Vuélvete, vuélvete, Sunamitis; vuélvete, vuélvete para que te miremos?*[36]. Sé, pues, tú también no menos perseverante, de modo que por ningunos castigos, por ningunos trabajos te apartes.

16. Lucha con el ángel, como Jacob, para que no seas vencido, porque *el reino de los cielos se alcanza a viva fuerza y solo los valerosos le arrebatan*[37]. ¿Por ventura, no indican lucha aquellas palabras: *Mi amado es para mí y yo para él?* Te dio Él muestras de su amor, experimente también el tuyo. En muchas cosas te prueba el Señor tu Dios; se desvía muchas veces, aparta de ti su rostro; pero no llevado de ira. Lo hace para probarte, no para reprobarte. Te sufrió el amado, sufre tú al amado, sostén al Señor y obra varonilmente. No le vencieron a Él tus pecados, a ti tampoco te superen sus castigos, y alcanzarás la bendición. Pero ¿cuándo? Al nacimiento de la aurora, cuando ya esclarezca el día, cuando haya establecido las alabanzas de Jerusalén en la tierra. He aquí, dice Moisés, *que un varón*, o sea, un ángel, *luchaba con Jacob hasta la mañana*[38]. Haz que sea oída de mí en la mañana tu misericordia, porque

---

[36] *Cant.* VI, 12.
[37] *Mt.* XI, 12.
[38] *Gen.* XXXII, 24.

en ti, Señor, he esperado. No callaré, perseveraré en la oración hasta la mañana, y ojalá que no me quede en ayunas. Tú, Señor, te dignas alimentarme, y no solo esto, sino entre las azucenas. *Mi amado es para mí, y yo para él, el cual se apacienta entre las azucenas*[39]. Un poco antes se observa en el mismo cántico que la aparición de las flores va acompañada del arrullo de la tórtola[40]. Pero atiende que parece indicar el sitio, no el sustento, y no explica de qué cosas se alimenta, sino entre qué cosas. Acaso, pues, no se alimenta con el manjar, sino con la compañía de las azucenas, ni come azucenas, sino que anda entre ellas. Sin duda más bien por el olor que por el sabor agradan las azucenas y son más a propósito para la vista que para la comida.

17. Así, pues, se apacienta entre las azucenas, hasta que decline el día, y a la belleza de las flores se siga la abundancia de los frutos. Porque ahora es tiempo de flores, no de frutos, pues tenemos aquí solo la esperanza y no lo que esperamos, y caminando por la fe, no por la vista clara, nos congratulamos más con la expectación que con la experiencia. Considerad la suma delicadeza de esta flor y acordaos de aquellas palabras del apóstol: *Llevamos este tesoro en vasos de barro*[41]. ¡Cuántos peligros

---

[39] *Cant.* II, 16.
[40] *Cant.* II, 12.
[41] *II Cor.* IV, 7.

amenazan a las flores! ¡Cuán fácilmente con los aguijones de las espinas es traspasada la azucena! Con razón, pues, canta el amado: *Como azucena entre espinas, así es mi Amiga entre las vírgenes*[42]. ¿Acaso no era azucena entre espinas el que decía: *Con los que aborrecían la paz era yo pacífico?* [43]. Sin embargo, aunque el justo florece como la azucena, no se alimenta el Esposo de azucenas ni se complace en la singularidad. Escuchad cómo habla el que mora en medio de las azucenas: *Donde dos o tres se hallan congregados en mi nombre, allí estoy yo en medio de ellos*[44]. Ama siempre Jesús lo que está en medio; los lugares apartados y solitarios siempre los ha reprobado el Hijo del hombre, que es el mediador entre Dios y los hombres. *Mi Amado es para mí y yo para él, el cual se apacienta entre azucenas.* Proçuremos, pues, hermanos míos, cultivar azucenas; démonos prisa arrancar de raíz las espinas y los abrojos, y plantemos en su lugar azucenas, por si alguna vez acaso se digna el amado descender a apacentarse entre ellas.

18. En María sí que se apacentaba, puesto que en ella hallaba grandísima abundancia de azucenas. ¿No son acaso azucenas el decoro de la virginidad, las insignias de la humildad, la supereminencia de

---

[42] *Cant.* II, 2.
[43] *Ps.* CXIX, 7.
[44] *Mt.* XVIII, 20.

la caridad? También nosotros podemos tener azucenas, aunque menos hermosas y olorosas; con todo, ni aun entre ellas se desdeñará de apacentarse el esposo, con tal de que a esas acciones de gracias, de que hemos hablado antes, les dé lustre la alegría de la devoción, a la oración le dé candor la pureza de intención y la misericordia dé blancura a la confesión, como está escrito: *Aunque sean vuestros pecados como la escarlata, se volverán blancos como la nieve, y aunque sean rojos como el carmesí, serán blancos como la lana*[45]. Pero sea lo que fuere aquello que dispones ofrecer, acuérdate de encomendarlo a María, para que vuelva la gracia por el mismo cauce por donde corrió, al dador de la gracia. No le faltaba a Dios, ciertamente, poder para infundirnos la gracia, sin valerse de este *acueducto*, si Él hubiera querido, pero quiso proveerte de ella por este conducto. Acaso tus manos están aún llenas de sangre o manchadas con dádivas sobornadoras, porque todavía no las tienes lavadas de toda mancha. Por eso aquello poco que deseas ofrecer, procura depositarlo en aquellas manos de María, graciosísimas y dignísimas de todo aprecio, a fin de que sea ofrecido al Señor, sin sufrir de Él repulsa. Sin duda candidísimas azucenas son, ni se quejará aquel amante de las azucenas de no haber encontrado entre azucenas todo lo que Él hallare en las manos de María. Amén.

---

[45] *Is.* I, 18.

EN LA ANUNCIACIÓN
DE LA VIRGEN MARÍA

De los siete dones del Espíritu Santo
en Cristo[1]

1. La presente solemnidad de la Anunciación
del Señor, hermanos míos, parece que presenta a
nuestra vista la sencilla historia de nuestra reparación bajo el aspecto de una llanura dilatada y ame-
nísima. Se confía una nueva embajada al ángel san
Gabriel, y una virgen que profesa una nueva virtud
es honrada con los obsequios de una nueva salutación. Se aparta de las mujeres la maldición antigua,
y la nueva Madre recibe una bendición nueva. Se
halla llena de gracia la que ignora la concupiscencia,
a fin de que, viniendo sobre ella el Espíritu Santo,
conciba en su seno virginal un Hijo la misma que
se desdeña de admitir varón. Penetra en nosotros el
antídoto de la salud por la puerta misma por donde,
entrando el veneno de la serpiente, había ocupado
la universalidad del linaje humano. Innumerables

---

[1] *PL* CLXXXIII. 390.

flores semejantes a estas es fácil coger en estos hermosos prados; pero yo descubro en medio de ellos un abismo de una profundidad insondable. Abismo inescrutable es verdaderamente el misterio de la encarnación del Señor, abismo impenetrable aquel en que el *Verbo se hizo carne y habitó entre nosotros.* ¿Quién le podrá sondear, quién podrá asomarse a él, quién le comprenderá? El pozo es profundo y yo no tengo con qué pueda sacar agua. Sin embargo, acontece algunas veces que el vapor que se exhala del fondo de un pozo humedece los lienzos puestos sobre la boca del mismo pozo. Así, aunque recelo penetrar adentro, conociendo bien mi propia flaqueza, con todo eso repetidas veces, Señor, colocándome junto a la boca de este pozo, extiendo a ti mis manos, porque mi alma está como una tierra sin agua en tu presencia. Y ahora que subiendo de abajo la niebla ha embebido en sí algo de ella mi tenue pensamiento, procuraré, hermanos míos, comunicároslo con toda sencillez, exprimiendo, por decirlo así, el lienzo y derramando sobre vosotros las pequeñas gotas del celestial rocío.

2. Pregunto, pues, ¿por qué razón encarnó el Hijo y no el Padre o el Espíritu Santo, siendo no solo igual la gloria de toda la Trinidad, sino también una sola e idéntica su substancia? Pero ¿quién conoció los designios del Señor, o quién ha sido su consejero? Altísimo misterio es este ni conviene que temerariamente precipitemos nuestro parecer sobre esto. Con

todo eso, parece que ni la encarnación del Padre ni la del Espíritu Santo hubieran evitado el inconveniente de la confusión en la pluralidad de hijos, debiendo llamarse el uno hijo de Dios y el otro hijo del hombre. Parece también muy congruente que el que era Hijo se hiciera hijo, para que no hubiera equivocación ni siquiera en el nombre. En fin, esto mismo constituye la gloria de nuestra Virgen, esta es la singular prerrogativa de María, que mereció tener por hijo al mismo que es Hijo de Dios Padre, la cual gloria no tendría, como es claro, si el Hijo no se hubiera encarnado. Ni a nosotros se nos podría dar de otro modo igual ocasión de esperar la salud y la herencia eterna, porque, hecho primogénito entre muchos hermanos el que era unigénito del Padre, llamará sin duda a la participación de la herencia a los que llamó a la adopción, pues los que son hermanos son coherederos también. Jesucristo, pues, así como con un misterio inefable juntó en una persona la substancia de Dios y la del hombre, así también, usando de un altísimo consejo, en la reconciliación no se apartó de una equidad prudente, dando a uno y a otro lo que convenía: honor a Dios y misericordia al hombre. Bellísima forma de composición entre el Señor ofendido y el siervo reo es hacer que ni por el celo de honrar al Señor sea oprimido el siervo con una sentencia algo más dura, ni tampoco condescendiendo con él inmoderadamente sea defraudado el Señor en el honor que le es debido.

3. Escucha, pues, y observa la distribución que hacen los ángeles en el nacimiento de este Mediador: *Gloria,* dicen, *sea a Dios en las alturas y en la tierra paz a los hombres de buena voluntad*[2]. En fin, para guardar esta distribución no faltó a Cristo reconciliador fiel, ni el espíritu de temor, con que mostrara siempre reverencia al Padre, siempre difiriese a él y siempre buscase su gloria; ni el espíritu de piedad, con que misericordiosamente se compadeciese de los hombres. Por lo mismo, tuvo también como necesario el espíritu de ciencia, por el cual se hiciese la distribución del espíritu de temor y de piedad sin confusión alguna. Y advierte que en aquel pecado de nuestros primeros padres fueron tres los autores, pero manifiestamente faltaron a los tres tres cosas. Hablo de Eva, del diablo y de Adán. No tuvo Eva ciencia, pues, como dice el apóstol, fue seducida para cometer el pecado. Seguramente esta no faltó a la serpiente, pues se describe como la más astuta entre todos los animales, pero careció el maligno del espíritu de piedad, puesto que fue homicida desde el principio. Tal vez Adán podría parecer piadoso en no querer contristar a la mujer, pero abandonó el espíritu de temor de Dios, obedeciendo antes a la voz de Eva que a la divina. Ojalá que hubiera prevalecido en él el espíritu de temor, como expresamente leemos de Cristo en la

---

[2] *Lc.* II, 14.

Escritura, que estuvo lleno no del espíritu de piedad, sino del de temor, porque en todo y para todo debe preferirse el temor de Dios a la piedad con los prójimos, y él solo es el que debe ocupar todo el hombre. Por medio de estas tres virtudes, que son: el espíritu de temor, el de piedad y el de ciencia, reconcilió a los hombres con Dios nuestro Mediador, porque con su consejo y con su fortaleza los libró del poder del enemigo. En efecto, con su espíritu de consejo, permitiendo que Satanás echara sus manos violentas sobre el Inocente, le despojó de sus antiguos derechos, con su fortaleza prevaleció contra él para que no pudiera retener a los redimidos cuando volvió de los infiernos vencedor y devolvió la vida a todos los que resucitaron con Él.

4. Nos sustenta, a más de esto, con el pan de vida y de entendimiento, y nos da a beber del agua de la sabiduría que da la salud. Porque la inteligencia de las cosas espirituales e invisibles es verdadero pan del alma que corrobora nuestro corazón y nos fortalece para toda obra buena en todo género de ejercicios espirituales. El hombre carnal que no percibe las cosas que son del Espíritu de Dios, sino que le parecen necesidad, gime y llora diciendo: *Se ha secado mi corazón porque me olvidé de comer mi pan*[3]. Mira qué verdad tan pura y perfecta es que de nada le sirve al hombre ganar todo el mundo si pierde su

---

[3] *Ps*. CI, 5.

alma. Pero ¿cuándo percibirá esto el avaro? En vano trabajará cualquiera que pretenda persuadírselo. ¿Y por qué? Porque le parece necedad. ¿Qué cosa más verdadera que ser suave el yugo de Cristo? Pon esto delante de un hombre mundano y verás cómo lo reputa piedra antes que pan. Y ciertamente con la inteligencia de esta verdad interior vive el alma y este es su manjar espiritual, porque: *No solo de pan vive el hombre, sino de toda palabra que procede de la boca de Dios.* Sin embargo, mientras no saborees esta verdad, difícilmente podrás penetrar hasta el interior. Pero cuando comiences a sentir deleite en ella ya no será manjar, sino bebida; y sin dificultad entrará en tu alma para que así el manjar espiritual de la inteligencia se digiera mejor mezclado con la bebida de la sabiduría, no sea que padeciendo sequedad los miembros del hombre interior, esto es, sus afectos, sirva más de carga que de provecho.

5. De todas las cosas, pues, que eran necesarias para salvar a los pueblos, ninguna absolutamente faltó al Salvador. Porque Él es de quien anticipadamente cantó Isaías: *Saldrá una vara del tronco de Jesé, y de su raíz se elevará una flor, y reposará sobre ella el espíritu del Señor; espíritu de sabiduría y de entendimiento, espíritu de consejo y de fortaleza, espíritu de ciencia y de piedad, y la llenará el espíritu del temor del Señor.* Observa con cuidado que dijo que esta flor se elevaría, no de la vara, sino de la raíz. Porque si la nueva carne de Cristo hubiera sido

criada de la nada en la Virgen (como algunos pensaron), no se podría decir que la flor había subido de la raíz, sino de la vara. Pero al decirse que se elevó de la raíz, se hace manifiesto que tuvo una materia común con los demás hombres desde el principio. Cuando añade que descansará sobre Él el Espíritu del Señor, nos declara que ninguna contradicción o lucha habría en Él. En nosotros, porque no es del todo superior el espíritu, no descansa del todo; puesto que la carne lucha y combate contra el espíritu y el espíritu contra la carne, de cuyo combate nos libre aquel Señor en quien nada semejante hubo; aquel hombre nuevo, aquel hombre íntegro y perfecto que tomó el verdadero origen de nuestra carne, pero no tomó el envejecido cebo de la concupiscencia.

DE LA MUJER ADÚLTERA, DE SUSANA Y DE LA BIENAVENTURADA VIRGEN MARÍA[4]

1. ¡Qué rico eres en misericordia, qué magnífico en justicia, qué dadivoso en gracia, Señor Dios nuestro! No hay quien sea semejante a ti, larguísimo Bienhechor, justísimo Remunerador, piadosísimo Libertador. Graciosamente miras a los humildes, rectamente juzgas a los inocentes,

---

[4] *PL* CLXXXIII, 392.

misericordiosamente salvas a los pecadores. Estas, carísimos, son las delicias que sobre la mesa de este rico Padre de familias, en los textos de las Escrituras santas, si con cuidado lo advertís, se nos ponen con más copia que lo acostumbrado. Esta abundancia nos ofrece el santo tiempo de la Cuaresma y el sacratísimo día de la Anunciación, que han concurrido juntamente. Porque, hoy, como acabamos de oírlo, absuelve la clemencia del Redentor a una mujer cogida en adulterio; hoy libra de la muerte a la inocente Susana; hoy llena también a la bienaventurada Virgen de los singulares dones de su bendición graciosa. ¡Grande convite en que se nos sirve a un tiempo mismo la misericordia, la justicia y la gracia! ¿Por ventura no es la misericordia manjar del hombre? Enteramente saludable y eficaz para su remedio. ¿No es la justicia pan del corazón? Y pan que en gran manera le conforta como alimento sólido para nutrirle, puesto que: *Bienaventurados los que tienen hambre de ella, porque serán hartos*[5]. ¿No es alimento del alma la gracia de Dios? Dulcísimo alimento ciertamente, y que tiene toda suavidad y deleite para el paladar; más aún, juntando en sí todas estas propiedades, no solo deleita, sino que fortalece y sana.

2. Lleguémonos, hermanos míos, a esta mesa, y de cada manjar tomemos por lo menos un poco: *En*

---

[5] *Mt.* V, 6.

la ley mandó Moisés apedrear a tales mujeres[6], dicen los pecadores de una pecadora y los fariseos de una adúltera. Pero Él, por toda respuesta a la dureza de su corazón de piedra, inclinó los ojos hacia el suelo. Señor, inclina tus cielos y baja. Se inclinó Jesús, y propenso a la misericordia (porque Él no era de un corazón judaico) escribía con el dedo, no ya en la piedra, sino en la tierra. Ni hizo esto una vez sola, sino que aquí tenemos dos escrituras, como en Moisés dos tablas. Y acaso se puede decir que escribiendo la verdad y la gracia, y volviendo a escribirlas las dejó impresas en la tierra, según lo que dice el apóstol san Juan: *La ley fue dada por Moisés y fue traída la gracia y la verdad por Jesucristo*[7]. En fin, mira si se puede decir que había leído en la tabla de la verdad lo que le sirvió para confutar a los fariseos: *El que esté libre de pecado, dijo, que tire la primera piedra*[8]. Palabra breve, pero eficaz, y más penetrante que una espada de dos filos. ¡Qué gravemente fueron traspasados con esta palabra aquellos corazones de pedernal! Con qué vehemencia con esta piedrecita fueron quebrantadas las frentes de piedra, lo prueba el rubor de su confusión y huida clandestina. Merecía, ciertamente, la adúltera ser apedreada; pero dispóngase a ejecutar el castigo el

---

[6] *Io.* VIII, 6.
[7] *Io.* I, 17.
[8] *Io.* VIII, 7.

que no se halle merecedor de ser castigado también; atrévase a exigir venganza contra la pecadora el que de ningún modo merezca sufrirla. De otra suerte, siendo él más vecino que todos de sí mismo, comience por sí; ejecute primero en sí la sentencia y ejerza contra sí la justicia. Esto decía la Verdad.

3. Pero aun esto es poco, pues aunque esta Verdad refuta a los acusadores, todavía no absuelve a la culpada. Escriba otra vez, escriba la gracia; lea y escuchemos: *Mujer, ¿ninguno te ha condenado?* —*Ninguno, Señor*—. *Ni yo te he de condenar; anda y no quieras pecar otra vez.* ¡Oh voz de misericordia, oh eco de saludable alegría! *Haz que sea oída de mí por la mañana tu misericordia, porque en ti, Señor, he puesto mi esperanza*[9]. Solo la esperanza obtiene la primacía de la misericordia en tu acatamiento, pues tú no depositas el óleo de tu clemencia sino en el vaso de la confianza. Pero hay una confianza infiel que solo atrae sobre sí la maldición, y es la que se halla en el hombre cuando peca con la esperanza del perdón. Pero no debe llamarse esto confianza, sino insensibilidad y disimulación perniciosa. Porque ¿qué confianza es la de aquel que no atiende a su peligro? ¿Cómo buscará remedio contra el temor el que ni teme ni cree tener motivo para temer? La esperanza es un consuelo; y no necesita consuelo el que se aplaude a sí mismo de haber obrado mal

---

[9] *Ps.* CXIII, 8.

y se alegra en cosas pésimas. Roguemos, hermanos míos, que se nos diga con sinceridad cuántas maldades y pecados tenemos, deseemos que nos muestren nuestros crímenes y delitos. Examinemos nuestros caminos y nuestras aficiones, pensemos en todos nuestros peligros con vigilante atención. Diga cada uno lleno de pavor: *Yo iré a las puertas del infierno,* para que ya no respiremos sino en la misericordia de Dios. La verdadera confianza del hombre consiste en no presumir de sí mismo y en no apoyarse sino en Dios. Esta, repito, es la confianza verdadera, a la cual no se niega la misericordia, testificando el profeta que *Dios tiene placer en los que le temen y en los que esperan en su misericordia*[10]. A la verdad, no tenemos pocos motivos en nosotros de temor y en Él de confianza. Suave y manso es; copiosa es su misericordia, mayor que nuestra malicia y muy grande para perdonar. Creamos por lo menos a los enemigos, pues no hallaron en Él otra cosa de que tomar ocasión para formarle una calumnia. Se compadecerá, decían para sí, de esta pecadora, y no permitirá que habiéndosela presentado le den la muerte; así será tenido por enemigo manifiesto de la ley, absolviendo a quien la ley condena. Contra vosotros, fariseos, se vuelve la invención de vuestra malignidad. Mucho desconfiáis de vuestra causa cuando tan cautelosamente huís del juicio. Sin

---

[10] *Ps.* CXLVII, 11.

duda quedará absuelta sin injuria de la ley la que quedó sin acusadores.

4. Pero consideremos, hermanos míos, adonde se van desde aquí los fariseos. ¿No veis a aquellos dos viejos (pues de los más viejos comenzaron a salir), no veis, repito, a aquellos dos viejos que se esconden en el huerto de Joaquín? A su mujer, Susana, buscan; sigámosles, porque están llenos de un malvado pensamiento contra ella. *Consiente con nosotros*, dicen los viejos, dicen los fariseos, dicen los lobos, que poco antes intentaron en vano tragar otra, aunque perdida, oveja: *Consiente y condesciende a nuestra pasión para contigo.* ¡Oh hombres envejecidos en la maldad!; una vez acusáis el adulterio y otra vez persuadís el adulterio. Pero esta es toda vuestra justicia, y lo que en público reprendéis, lo hacéis vosotros en lo secreto. Por eso fuisteis saliendo uno tras otro luego que aquel Señor a quien está patente lo más oculto hirió tan fuertemente vuestras conciencias diciendo: *El que entre vosotros esté sin pecado, ese sea el primero que tire la piedra contra ella*[11]. Con razón dice la Verdad a sus discípulos: *Si no es más abundante vuestra justicia que la de los escribas y fariseos, no entraréis en el reino de los cielos*[12]. *De otra suerte,* añaden los viejos, *diremos contra ti un falso testimonio.* Raza de Canaán y

---

[11] *Io.* III, 7.
[12] *Mt.* V, 20.

no de Judá; tampoco mandó esto Moisés en la ley. ¿Por ventura el que decretó que se apedrease a la adúltera mandó que se acusase a la honesta? ¿Por ventura mandó también dar testimonio contra la inocente? Antes, así igualmente que de la adúltera, mandó que el testigo falso no quedase sin castigo. Pero vosotros, que os gloriáis en la ley, por la transgresión de la ley deshonráis a Dios.

5. *Dio un gemido Susana y dijo: Por todas partes me cercan angustias;* porque por todas partes veo la muerte: por aquí la corporal, por allí la espiritual. *Si hago lo que vosotros deseáis, yo soy muerta en el alma; si no lo hago, no me escaparé de vuestras manos.* De vuestras manos, fariseos, ni está libre la adúltera ni la casta; no evita vuestras acusaciones ni el santo ni el pecador. Disimuláis vuestros pecados cuando encontráis los ajenos; por otra parte, si acaso alguno no tiene delito propio, le imputáis el vuestro. Pero ¿qué liará Susana entre la muerte y la muerte, es decir, entre la muerte del alma y la del cuerpo, viéndose por todas partes estrechada? *Mejor es para mí, dice, no haciendo esto, caer en las manos de los hombres que desamparar la ley de mi Dios.* Sabía ella qué cosa tan horrible es caer en manos de Dios vivo. Los hombres, a la verdad, después de haber muerto al cuerpo, nada pueden hacer al alma; pero a aquel Señor se debe temer, que tiene potestad de arrojar el cuerpo y el alma al infierno. ¿Cuánto tarda la familia de Joaquín? Dese prisa a entrar por el postigo,

porque se está oyendo ruido en el huerto; ruido ciertamente de unos lobos fieros y de una ovejilla que bala entre ellos. Pero no permite que traguen a la inocente el que con tanta dignación sacó de sus mismas fauces aun a quien no merecía ser librada. Por eso, con razón, aun siendo llevada a la muerte, tenía su corazón una firme confianza en el Señor, a quien de tal modo había temido, que había despreciado todo temor humano y preferido su ley a su misma vida y fama. *Porque no se había dicho jamás cosa semejante de Susana. Sus padres también eran justos y su marido el más honrado de todos los judíos.* Con razón, pues, consiguió del justo Juez la merecida venganza de los impíos la que con tanta ansia tuvo hambre de la justicia, que por ella despreció la muerte del cuerpo, el oprobio de su linaje y el llanto inconsolable de sus amigos.

6. Nosotros también, hermanos míos, si hemos oído a Cristo: *Ni yo te condenaré,* si no queremos pecar contra Él, si deseamos vivir piadosamente en Cristo, es preciso que toleremos la persecución y no volvamos mal por mal ni maldición por maldición. Porque el que no conserva la paciencia perderá la justicia, es decir, perderá la vida, o sea, perderá su alma. *A mí está reservada la venganza, y yo soy quien la he de ejecutar*[13]. Así es, en efecto: Él la hará; pero con tal de que tú le dejes el cuidado de la venganza,

---

[13] *Rom.* XII, 19.

si no le usurpas la potestad de juzgar, si no vuelves daños a los que a ti te los hubieren hecho. Hará juicio, pero a favor del que tolera la injuria; según equidad juzgará, pero a favor de los mansos de la tierra. Ya a vosotros, si yo no me engaño, se os hace molesto que tarden las delicias. No os admiréis, son delicias. No cargarán aún a los que están hartos ni aun los que los eructan podrán fastidiarse de ellas.

7. *Fue enviado el ángel Gabriel por Dios a una ciudad de Galilea llamada Nazaret.* ¿Te admiras de que la pequeña ciudad de Nazaret sea ilustrada con un embajador de tan grande Rey y con una embajada de tanto momento? En esta ciudad se oculta un tesoro riquísimo, se oculta, digo, pero a los hombres, no a Dios. ¿Por ventura no es María el tesoro de Dios? En cualquier parte que ella esté, está el corazón de Dios. Sus ojos están puestos en ella; en todas partes mira la humildad de su sierva. ¿Conoce el cielo el Unigénito de Dios Padre? Pues si conoce el cielo, también conocerá a Nazaret. ¿Qué mucho que conozca su patria? El cielo le toca por el Padre; Nazaret, por la Madre; así como, según testifica Él mismo, es hijo de David, también es Señor de David. *El cielo supremo es para el Señor, pero a los hijos de los hombres les dio la tierra*[14]. Uno y otro, pues, es preciso que le toque por posesión suya, porque no solo es Señor, sino hijo del hombre.

---

[14] *Ps.* CXIII, 26.

Escucha además de qué manera vindica para sí la tierra como hijo del hombre y cómo se comunica a manera de Esposo con su esposa: *Las flores, le dice, han aparecido sobre nuestra tierra*[15]. Ni disuena de esto el interpretarse *flor* Nazaret. Ama la patria de las flores la flor de la raíz de Jesé, y gustosamente se alimenta entre las azucenas la flor del campo y la azucena de los valles. Tres gracias hacen estimables a las flores: la hermosura, el buen olor y la esperanza del fruto. Y a ti Dios te reputará flor, y en ti tendrá mucho placer si no te faltare la hermosura de una conducta honesta, ni la fragancia de la buena opinión, ni el deseo vivo de la recompensa eterna, pues la vida eterna es el fruto del espíritu.

8. *No temas, María, porque hallaste gracia en los ojos de Dios*[16]. ¿Cuánta gracia? Una gracia llena, una gracia singular. ¿Singular o general? Una y otra sin duda, pues por ser gracia llena, por eso mismo es tan singular como general, pues que la misma gracia general la recibiste singularmente. Es tan singular, repito, como general, pues tú sola recibiste más gracia que todas las demás criaturas. Es singular, por cuanto tú sola hallaste esta plenitud; es general, porque de esa plenitud reciben todos. *Bendita eres entre todas las mujeres*[17] y *bendito es el fruto de*

---

[15] *Cant.* II, 12.
[16] *Lc.* I, 30.
[17] *Lc.* I, 28.

tu vientre. Sin duda alguna Él es el fruto bendito de tu seno virginal, ¡oh María!, pero por tu medio ha venido a las almas de todos. Así, ciertamente, así en otro tiempo todo el rocío estuvo en el vellocino y todo en la era, pero en ninguna parte de la era todo como en el vellocino. En ti sola aquel Rey rico y riquísimo se abatió, el excelso se humilló, el inmenso se abrevió y se hizo como algo menor que los ángeles; encarnó en ti el verdadero Dios e Hijo de Dios. Pero ¿con qué intento? Sin duda con el fin de que con su pobreza fuéramos todos enriquecidos, con su humildad ensalzados, con su abatimiento engrandecidos, y juntándonos a Dios por su encarnación comenzáramos a ser un mismo espíritu con Él.

9. Pero ¿qué diremos, hermanos míos? ¿En qué vaso con especialidad se ha de depositar esta gracia? Si la confianza, como arriba dijimos, es vaso capaz de la misericordia, y la paciencia de la justicia, ¿qué vaso podremos presentar que sea receptáculo digno de la gracia? Bálsamo purísimo es y requiere un solidísimo vaso. ¿Y cuál es tan puro, cuál es tan sólido como la humildad de corazón? Por eso justamente da la gracia Dios a los humildes; por eso justamente miró la humildad de su sierva. ¿Preguntas en qué estuvo su mérito? En que no ocupó su ánimo humilde ningún mérito humano, para que de este modo no se impidiese que entrara libremente en él la plenitud de la gracia divina. A

esta misma humildad debemos subir nosotros por diversos grados. Porque en primer lugar el corazón del hombre, a quien todavía le deleita pecar y no ha mudado su miserable costumbre en mejor propósito, está impedido por sus propios vicios para que quepa en él la gracia. Después, cuando ya se ha propuesto corregir sus costumbres y no repetir jamás sus primeras culpas, los mismos pecados pasados, aunque parezca que de algún modo están cortados ya, mientras que permanecen en él, no dejan entrar la gracia. Quedan, pues, y permanecen hasta que sean lavados en la confesión, hasta que sean quitados con dignos frutos de penitencia. Pero ¡ay de ti si acaso te sigue la ingratitud, más perniciosa que los mismos pecados y vicios! Porque ¿qué cosa más claramente contraria a la gracia? Nos entibiamos con el decurso del tiempo, se resfría poco a poco la caridad, crece la maldad, para que así acabemos en la carne los que habíamos comenzado en espíritu. De ahí es que conocemos poco los bienes que Dios nos ha hecho, siendo a un tiempo mismo indevotos e ingratos. Abandonamos el temor de Dios, dejamos la religiosa soledad, haciéndonos habladores, curiosos, decidores, detractores y murmuradores; gastando el tiempo en frívolas chanzas, huyendo del trabajo y de la regular disciplina todas las veces que se puede hacer sin nota, como si por eso fuera también sin culpa. ¿Qué nos admiramos, pues, de que nos falte la gracia, siendo rechazada por tantos obstáculos? Pero ya si alguno, a fin de que, según habla el apóstol, la palabra de Cristo, que es la palabra de la gracia, habite en él, se muestra agradecido a Dios; si es devoto, si es solícito, si es fervoroso de espíritu, guárdese de fiar en sus méritos y de fundarse en sus obras. De otra suerte, tampoco entraría la gracia en esta alma. Sin duda estaría llena de sí y no encontraría en ella lugar la gracia.

10. ¿Pusisteis atención en aquel fariseo que estaba orando? No era ladrón, no era injusto, no era adúltero. ¿Estaba, acaso, sin frutos de penitencia? Dos veces ayunaba a la semana, daba el diezmo de todo lo que poseía. ¿Sospecháis que fuese ingrato? Escuchad lo que dice: *¡Oh Dios!, gracias te doy.* Pero no estaba desocupado, no estaba vacío, no era humilde, sino soberbio; por esto no procuró saber lo que le faltaba, sino que exageró sus méritos, no era aquella plenitud sólida, sino hinchazón. Así volvió a su casa vacío por haber fingido la plenitud. Al revés, aquel publicano que se había humillado y abatido, porque tuvo cuidado de presentar un vaso desocupado, se llevó consigo mayor gracia. Nosotros, pues, hermanos míos, si deseamos hallar la gracia, abstengámonos de los vicios en adelante de tal suerte que hagamos también digna penitencia de los pecados que hemos cometido, e igualmente seamos cuidadosos en mostrarnos con Dios devotos y humildes de verdad. Él mira a semejantes almas agradablemente con aquella vista piadosa de que

habla el Sabio: *La gracia, y misericordia de Dios está sobre sus santos, y sus miradas favorables sobre sus escogidos*[18]. Y quizá por esto cuatro veces pide que se vuelva el alma a quien Él mira, diciéndole: *Vuélvete, vuélvete, Sunamites, vuélvete, vuélvete, para que te miremos;* para que no persista ni en la costumbre de pecar, ni en la conciencia de pecado, ni en la tibieza y torpeza de la ingratitud, ni en la ceguedad de la altivez. De estos cuatro peligros se digne apartarnos y sacarnos aquel Señor que para nosotros fue hecho, por Dios Padre, justicia y redención, Jesucristo Señor nuestro, que con el Padre y el Espíritu Santo vive y reina Dios por infinitos siglos de los siglos. Amén.

---

[18] *Sap*. IV, 15.

EN LA PURIFICACIÓN
DE LA VIRGEN MARÍA

Del Niño, de María y de José[1]

1. Hoy celebramos la purificación de la bienaventurada Virgen María, que se hizo, según la
ley de Moisés, pasados cuarenta días desde el nacimiento del Señor. Pues estaba escrito en la ley que
la mujer que habiendo usado del matrimonio diera
a luz un varón, fuese impura siete días y en el día
octavo se circuncidase al niño; después, empleán-
dose todavía en lavarse y purificarse, se abstuviese
de entrar en el templo durante treinta y tres días,
los cuales cumplidos ofreciese su hijo con algunos
dones al Señor. Pero ¿quién no advierte que, según
las palabras mismas de la ley, la Madre del Salvador estaba completamente exenta de este precepto?
¿Piensas que, habiendo de decir Moisés que la mujer
que diera a luz un varón fuese impura, no temió
incurrir en crimen de blasfemia contra la Madre del
Señor, y que por eso precisamente añadió: *habiendo*

---

[1] *PL* CLXXXIII, 369.

usado del matrimonio? Porque si no hubiera previsto que, sin usar del matrimonio y sin conocer varón, había de dar a luz la Virgen, ¿qué necesidad tenía de mencionar esto? Es claro, pues, que esta ley no comprendía a la Madre del Señor, que sin obra de varón concibió y dio a luz a su hijo, como estaba predicho por Jeremías que había de hacer Dios una cosa nueva sobre la tierra. ¿Preguntas qué cosa nueva? *Una mujer*, dice, *rodeará a un varón*[2]. No de otro varón recibirá un varón, no según la ley humana concebirá un hombre, sino que encerrará un varón dentro de sus intactas y virginales entrañas; de tal suerte que entrando y saliendo el Señor, según otro profeta dice, permanecerá cerrada perpetuamente la puerta oriental.

2. ¿Piensas que no podía la Virgen quejarse y decir: Qué necesidad tengo yo de purificación? ¿Por qué me he de abstener yo de la entrada en el templo, si mi seno, ignorando varón, fue hecho templo del Espíritu Santo? ¿Por qué no he de entrar en el templo, siendo yo quien di a luz al Señor del templo? Nada hubo en esta concepción, nada en este parto que fuese impuro, nada hubo ilícito, nada que necesitase de purificarse, siendo este niño la fuente de la pureza y el que ha venido a hacer la purificación de los delitos. ¿Qué tiene que purificar en mí la ceremonia legal, habiéndome hecho purísima en

---

[2] *Ier.* XXXI, 22.

el mismo parto inmaculado? Verdaderamente, Virgen bienaventurada, verdaderamente tienes sobrada razón; no hay en ti necesidad de purificación. Pero ¿acaso tu Hijo tenía necesidad de circuncisión? Sé, pues, entre las mujeres como una de ellas, porque así también es tu Hijo entre los niños. Quiso ser circuncidado, ¿y no querrá también ser ofrecido? Ofrece tu Hijo, Virgen sagrada, y presenta al Señor el fruto bendito de tu seno virginal. Ofrece para nuestra reconciliación la víctima santa y agradable a Dios. Por todos modos aceptará Dios Padre la nueva ofrenda y preciosísima víctima, de la cual dice Él mismo: *Este es mi Hijo muy amado, en quien tengo todas mis complacencias*[3]. Pero esta ofrenda, hermanos míos, parece bastante delicada, puesto que solamente es presentado el niño al Señor, después es redimido con algunas aves y luego se lo llevan. Tiempo vendrá en que no será ofrecido en el templo, ni entre los brazos de Simeón, sino fuera de la ciudad y entre los brazos de la cruz. Vendrá tiempo en que no será redimido con lo ajeno, sino que redimirá a otros con su propia sangre, porque Dios Padre le ha enviado para redención de su pueblo. Aquel será sacrificio de la tarde, este es de la mañana; este es más gustoso, pero aquel será más lleno; este en el tiempo de su nacimiento, aquel en la plenitud de la edad. Sin embargo, de uno y

---

[3] *Mt.* III, 19.

otro puedes entender lo que predijo el profeta: *Fue ofrecido porque Él mismo quiso*[4], pues aun ahora fue ofrecido, no porque tenía necesidad, no porque estaba bajo el edicto de la ley, sino porque quiso; y en la cruz igualmente fue ofrecido, no porque lo mereció, no porque los judíos lo maquinaron, sino porque Él mismo quiso. Yo os ofreceré voluntariamente un sacrificio, Señor, porque voluntariamente fuiste ofrecido por mi salud, no por tu necesidad.

3. Pero ¿qué ofreceremos nosotros, hermanos míos, o qué le volveremos por todos los bienes que nos ha hecho? Él ofreció por nosotros la víctima más preciosa que tuvo, y que no puede haber otra más preciosa; hagamos también nosotros lo que podamos, ofreciéndole lo mejor que tenemos, que somos nosotros mismos. Él se ofreció a sí mismo; ¿tú quién eres que dudas ofrecerte? ¡Oh si yo tuviera la dicha de que se dignara recibir mi ofrenda una Majestad tan grande! Dos cosas cortas tengo, Señor, que son el cuerpo y el alma, ¡ojalá que te las pueda ofrecer en sacrificio de alabanza! Mejor es para mí y mucho más útil y glorioso ofrecerme a ti que dejarme para mí mismo. Porque en mí mismo se turba mi alma, y mi espíritu se alegrará en ti si sinceramente es ofrecido. Los judíos, hermanos míos, ofrecían víctimas muertas al Señor que había de morir; pero ahora ya: *Vivo yo*, dice el Señor, *no*

---

[4] Is. LIII, 7.

quiero la muerte del pecador, sino que se convierta y viva[5]. No quiere Dios mi muerte, ¿y no le ofreceré yo gustosamente mi vida? Esta es una víctima pacífica, víctima agradable a Dios, víctima viva. En la ofrenda del Señor se lee que hubo tres personas; y en la nuestra, igualmente, tres cosas pide el Señor. Estuvo allí José, esposo de la Madre del Señor, que era reputado padre de Él; estaba también la Virgen Madre, y el Niño Jesús, que era el ofrecido. Haya, pues, en nuestra ofrenda también una constancia varonil, haya la continencia del cuerpo, haya una conciencia humilde. Haya una varonil constancia en el propósito de perseverar, haya una virginal pureza en la castidad, haya en la conciencia una sencillez y humildad propia de un niño. Amén.

De la purificación de María y de la circuncisión de Cristo[6]

¿Qué entendemos cuando decimos que María se purificó? Y ¿qué cuando decimos que se circuncidó a Cristo? A la verdad, ni ella tuvo necesidad de la purificación ni Él de la circuncisión. Por nosotros, pues, se circuncida este y ella se purifica. Nos dan ejemplo a los que hacemos penitencia para que,

---

[5] *Ez.* XXXIII, 11.
[6] *PL* CLXXXIII, 673.

absteniéndonos de los vicios, primero nos circuncidemos por la continencia, después nos purifiquemos, por la penitencia de los pecados cometidos. ¿Qué significa que María lleva a Jesús en el seno; san José, en los hombros al ir y volver de Egipto; Simeón en los brazos? Representan a los tres órdenes de elegidos: María, a los predicadores; san José, a los penitentes; Simeón, a los buenos operadores. El que evangeliza a otros lleva a Jesús como en el seno para darle a luz a otros o, más bien, en otros. De estos era el bienaventurado san Pablo, quien decía: *Hijitos míos, a los que de nuevo doy a luz hasta que se forme Cristo en vosotros*[7]. Quienes por causa de Cristo se ven colmados de trabajos, quienes padecen persecución, quienes no hacen a nadie ningún mal, pero sufren con paciencia los que se infieren a ellos, con razón llevan a Cristo en los hombros. A estos dice la misma Verdad: *Quien quiera venir en pos de mí, niéguese a sí mismo*[8], etc. Quien da pan al hambriento, bebida al sediento y obra con los necesitados las demás prácticas de caridad, ¿no lleva a Cristo en sus brazos? A estos les dirá en el juicio el Señor: *Cuando hicisteis esto a uno de mis pequeñuelos, a mí me lo hicisteis*[9].

---

[7] *Gal.* XV, 19.
[8] *Lc.* IX, 23.
[9] *Mt.* XXV, 40.

De la casa de la divina sabiduría, esto es, de la Virgen María[10]

1. *La sabiduría edificó para sí una casa*[11], etcétera. Como hay varias sabidurías, debemos buscar qué sabiduría edificó para sí la casa. Hay una sabiduría de la carne, que es enemiga de Dios[12], y una sabiduría de este mundo, que es insensatez ante Dios[13]. Estas dos, según el apóstol Santiago, son *terrenas, animales y diabólicas*[14]. Según estas sabidurías, se llaman *sabios los que hacen el mal y no saben hacer el bien*[15], los cuales se pierden y se condenan en su misma sabiduría, como está escrito: *Cogeré a los sabios en su astucia*[16]; *Perderé la sabiduría de los sabios y reprobaré la prudencia de los prudentes*[17]. Y, ciertamente, me parece que a tales sabios se adapta digna y competentemente el dicho de Salomón: *Vi una malicia debajo del sol: el hombre que se cree ante sí ser sabio*. Ninguna de estas sabidurías, ya sea la de la carne, ya la del mundo, edifica, más bien destruyen cualquier casa en que habiten. Pero hay

---

[10] *PL* CLXXXIII, 674.
[11] *Prov.* IX, 1.
[12] *Rom.* VIII, 7.
[13] *I Cor.* III, 19.
[14] *Iac.* III, 15.
[15] *Ier.* IV, 22.
[16] *I Cor.* III, 19.
[17] *I Cor.* I, *19.*

otra sabiduría *que viene de arriba; la cual primero es pudorosa, después pacífica*[18]. Es Cristo, Virtud y Sabiduría de Dios, de quien dice el apóstol: *Al cual nos ha dado Dios como sabiduría y justicia, santificación y redención*[19].

2. Así, pues, esta sabiduría, que era de Dios, que era Dios, vino a nosotros del seno del Padre y edificó para sí una casa, es a saber, a María virgen, su madre, en la que talló siete columnas. ¿Qué significa tallar en ella siete columnas sino hacer de ella una digna morada con la fe y las buenas obras? Ciertamente, el número ternario pertenece a la fe en la santa Trinidad, y el cuaternario, a las cuatro principales virtudes. Que estuvo la Santísima Trinidad en María (me refiero a la presencia de la majestad), en la que solo el Hijo estaba por la asunción de la humanidad, lo atestigua el mensajero celestial, quien, abriendo los misterios ocultos, dice: *Dios te salve, llena de gracia, el Señor es contigo;* y enseguida: *El Espíritu Santo vendrá sobre ti y la virtud del Altísimo te cubrirá con su sombra*[20]. He ahí que tienes al Señor, que tienes la virtud del Altísimo, que tienes al Espíritu Santo, que tienes al Padre, al Hijo y al Espíritu Santo. Ni puede estar el Padre sin el Hijo o el Hijo sin el Padre o sin los dos el que procede

---

[18] *Iac.* III, 17.
[19] *I Cor.* I, 30.
[20] *Lc. I,* 28, 35.

de ambos, el Espíritu Santo, según lo dice el mismo Hijo: *Yo estoy en el Padre y el Padre está en mí.* Y otra vez: *El Padre, que permanece en mí, ese obra los milagros*[21]. Es claro, pues, que en el corazón de la Virgen estuvo la fe en la Santísima Trinidad.

3. Que poseyó las cuatro principales virtudes como cuatro columnas, debemos investigarlo. Primero veamos si tuvo la fortaleza. ¿Cómo pudo estar lejos esta virtud de aquella que, relegadas las pompas seculares y despreciados los deleites de la carne, se propuso vivir solo para Dios virginalmente? Si no me engaño, esta es la virgen de la que se lee en Salomón: *¿Quién encontrará a la mujer fuerte? Ciertamente, su precio es de los últimos confines*[22]. La cual fue tan valerosa, que aplastó la cabeza de aquella serpiente a la que dijo el Señor: *Pondré enemistad entre ti y la mujer, tu descendencia y su descendencia; ella aplastará tu cabeza*[23]. Que fue templada, prudente y justa, lo comprobamos con luz más clara en la alocución del ángel y en la respuesta de ella. Habiendo saludado tan honrosamente el ángel diciéndole: *Dios te salve, llena de gracia,* no se ensoberbeció por ser bendita con un singular privilegio de la gracia, sino que calló y pensó dentro de sí qué sería este insólito saludo. ¿Qué otra cosa brilla en

---

[21] *Io.* XIV, 10.
[22] *Prov.* XXXI, 10.
[23] *Gen.* II, 15.

esto sino la templanza? Pero cuando el mismo ángel la ilustraba sobre los misterios celestiales, preguntó diligentemente cómo concebiría y daría a luz la que no conocía varón; y en esto, sin duda ninguna, fue prudente. Da una señal de justicia cuando se confiesa esclava del Señor[24]. Que la confesión es de los justos, lo atestigua el que dice: *Con todo eso, los justos confesarán tu nombre y los rectos habitarán en tu presencia*[25]. Y en otra parte se dice de los mismos: *Y diréis en la confesión: Todas las obras del Señor son muy buenas*[26].

4. Fue, pues, la bienaventurada Virgen María fuerte en el propósito, templada en el silencio, prudente en la interrogación, justa en la confesión. Por tanto, con estas cuatro columnas y las tres predichas de la fe construyó en ella la Sabiduría celestial una casa para sí. La cual Sabiduría de tal modo llenó la mente, que de su plenitud se fecundó la carne, y con ella cubrió la Virgen, mediante una gracia singular, a la misma sabiduría, que antes había concebido en la mente pura. También nosotros, si queremos ser hechos casa de esta sabiduría, debemos tallar en nosotros las mismas siete columnas, esto es, nos debemos preparar para ella con la fe y las costumbres. Por lo que se refiere a las costumbres, pienso

---

[24] *Lc.* I, 28-38.
[25] *Ps.* CXXXIX, 14.
[26] *Eccli.* XXXIX, 21.

que basta la justicia, pero rodeada de las demás virtudes. Así, pues, para que el error no engañe a la ignorancia, haya una previa prudencia; haya también templanza y fortaleza para que no caiga ladeándose a la derecha o a la izquierda.

EN LA ASUNCIÓN
DE LA BIENAVENTURADA
VIRGEN MARÍA[1]

(15 de agosto)

DE LOS DOS RECIBIMIENTOS, DE CRISTO Y DE MARÍA[2]

1. Subiendo hoy a los cielos la Virgen gloriosa, colmó sin duda los gozos de los ciudadanos celestiales con copiosos aumentos, pues ella fue la que, a la voz de su salutación, hizo saltar de gozo a aquel que aún vivía encerrado en las maternas entrañas. Ahora bien, si el alma de un párvulo aún no nacido se derritió en castos afectos luego que habló María, ¿cuál pensamos sería el gozo de los ejércitos celestiales cuando merecieron oír su voz, ver su rostro y gozar de su dichosa presencia? Pero nosotros, ¿qué ocasión tenemos de solemnidad en su asunción, qué causa de alegría, qué materia de gozo? Con la presencia de María se ilustraba todo el orbe, de tal suerte que aun la misma patria celestial brilla más

---

[1] *PL* CLXXXIII, 415-430.
[2] *PL* CLXXXIII, 415.

lucidamente iluminada con el resplandor de esta lámpara virginal. Por eso con razón resuena en las alturas la acción de gracias y la voz de alabanza, pero para nosotros más parece debido el llanto que el aplauso. Porque ¿no es, por ventura, natural, al parecer, que cuanto de su presencia se alegra el cielo otro tanto llore su ausencia este nuestro inferior mundo? Sin embargo, cesen nuestras quejas, porque tampoco nosotros tenemos aquí ciudad permanente, sino que buscamos aquella a la cual María purísima llega hoy. Y si estamos señalados por ciudadanos suyos, razón será que, aun en el destierro, aun sobre la ribera de los ríos de Babilonia, nos acordemos de ella, tomemos parte en sus gozos y participemos de su alegría, especialmente de aquella alegría que con ímpetu tan copioso baña hoy la ciudad de Dios, para que también percibamos nosotros las gotas que destilan sobre la tierra. Nos precedió nuestra reina, nos precedió, y tan gloriosamente fue recibida, que confiadamente siguen a su Señora los siervecillos clamando: *Atráenos en pos de ti y correremos todos al olor de tus aromas*[3]. Subió de la tierra al cielo nuestra Abogada, para que, como Madre del Juez y Madre de misericordia, trate los negocios de nuestra salud devota y eficazmente.

2. Un precioso regalo envió al cielo nuestra tierra hoy, para que, dando y recibiendo, se asocie,

---

[3] *Cant.* I, 3.

en trato feliz de amistades, lo humano a lo divino, lo terreno a lo celestial, lo ínfimo a lo sumo. Porque allá ascendió el fruto sublime de la tierra, de donde descienden las preciosísimas dádivas y los dones perfectos. Subiendo, pues, a lo alto, la Virgen bienaventurada otorgará copiosos dones a los hombres. ¿Y cómo no dará? Ni la falta poder ni voluntad. Reina de los cielos es, misericordiosa es; finalmente, Madre es del Unigénito Hijo de Dios. Nada hay que pueda darnos más excelsa idea de la grandeza de su poder o de su piedad, a no ser que alguien pudiera llegar a creer que el Hijo de Dios se niega a honrar a su Madre o pudiera dudar de que están como impregnadas de la más exquisita caridad las entrañas de María, en las cuales la misma caridad que procede de Dios descansó corporalmente nueve meses.

3. Y estas cosas, ciertamente, las he dicho por nosotros, hermanos, sabiendo que es dificultoso que en pobreza tanta se pueda hallar aquella caridad perfecta que no busca la propia conveniencia. Pero con todo eso, sin hablar ahora de los beneficios que conseguimos por su glorificación, si de veras la amamos nos alegraremos inmensamente al ver que va a juntarse con su Hijo. Sí, nos alegraremos y le daremos el parabién, a no ser que, como esté lejos de nosotros, quisiéramos mostrarnos ingratos con aquella que nos dio al autor de la gracia. Hoy es recibida la Virgen en la celestial Jerusalén por Aquel

a quien ella recibió al venir a este mundo; pero ¿quién será capaz de expresar con palabras con cuánto honor fue recibida, con cuánto gozo, con cuánta alegría? Ni en la tierra hubo jamás lugar tan digno de honor como el templo de su seno virginal, en el que recibió María al Hijo de Dios, ni en el cielo hay otro solio regio tan excelso como aquel al que sublimó hoy para María el Hijo de María. Feliz uno y otro recibimientos, inefables ambos, porque ambos a dos trascienden toda humana inteligencia. ¿Pero a qué fin se recita hoy en las iglesias de Cristo aquel pasaje del Evangelio en que se significa cómo la mujer bendita entre todas las mujeres recibió al Salvador? Creo que a fin de que este recibimiento que hoy celebramos se pueda conocer de algún modo por aquel, o, más bien, a fin de que, según la inestimable gloria de aquel, se conozca también que esta gloria es inestimable. Porque ¿quién, aunque pueda hablar con las lenguas de los hombres y de los ángeles, será capaz de explicar de qué modo, sobreviniendo el Espíritu Santo y haciendo sombra la virtud del Altísimo, se hizo carne el Verbo de Dios, por quien fueron hechas todas las cosas? ¿Cómo el Señor de la majestad, que no cabe en el universo de las criaturas, se encerró a sí mismo, hecho hombre, dentro de las entrañas virginales?

4. Pero ¿y quién será suficiente para pensar siquiera cuán gloriosa iría hoy la reina del mundo y con cuánto afecto de devoción saldría toda la

multitud de los ejércitos celestiales a su encuentro? ¿Con qué cánticos sería acompañada hasta el trono de la gloria, con qué semblante tan plácido, con qué rostro tan sereno, con qué alegres abrazos sería recibida del Hijo y ensalzada sobre toda criatura con aquel honor que Madre tan grande merecía, con aquella gloria que era digna de tan gran Hijo? Felices enteramente los besos que imprimía en sus labios cuando mamaba y cuando le acariciaba la madre en su regazo virginal. Pero, ¿por ventura, no los juzgaremos más felices los que de la boca del que está sentado a la diestra del Padre recibió hoy en la salutación dichosa, cuando subía al trono de la gloria cantando el cántico de la Esposa y diciendo: *Béseme con el beso de su boca?* Porque cuanto mayor gracia alcanzó en la tierra sobre todos los demás, otro tanto más obtiene también en los cielos de gloria singular. Y si el ojo no vio ni el oído oyó, ni cuyo en el corazón del hombre lo que tiene Dios preparado a los que le aman, lo que preparó a la que le engendró y (lo que es cierto para todos) a la que amó más que a todos, ¿quién lo hablará? Dichosa, por tanto, María, y de muchos modos dichosa, o recibiendo al Salvador o siendo ella recibida del Salvador. En lo uno y en lo otro es admirable la dignidad de la Virgen Madre; en lo uno y en lo otro es amable la dignación de la Majestad. *Entró*, dice, *Jesús en un castillo y una mujer le recibió en su casa.* Pero más bien nos debemos ocupar en las alabanzas, pues se debe emplear este día en elogios festivos. Y pues nos ofrecen copiosa materia las palabras de esta lección del Evangelio, mañana también, concurriendo nosotros juntamente, será comunicado sin envidia lo que se nos dé de arriba, para que en la memoria de tan grande Virgen no solo se excite la devoción, sino que también sean edificadas nuestras costumbres para aprovechamiento de la conducta de nuestra vida, en alabanza y gloria de su Hijo, Señor nuestro, que es sobre todas las cosas Dios bendito por los siglos. Amén.

SOBRE EL MODO DE LIMPIAR, ADORNAR Y AMUEBLAR LA CASA[4]

1. *Entró Jesús en un castillo y una mujer llamada Marta le recibió en su casa*[5]. Muy oportunamente, a mi parecer, puedo usurpar aquí la profética exclamación: *¡Oh Israel, cuán grande es la casa de Dios y cuán espacioso el lugar de su dominio!*[6]. ¿Por ventura no será grande, cuando en su comparación se llama castillo la espaciosísima latitud de esta tierra? ¿Por ventura no será grande aquella patria y región inestimable, cuando viniendo de ella el Salvador y

---

[4] *PL* CLXXXIII, 417.
[5] *Lc.* X, 38.
[6] *Bar.* III, 24.

entrando en el orbe de la tierra se dice que entra en un castillo? A no ser que alguno se imagine que por ese castillo se debe entender otra cosa que aquel atrio del fuerte armado, príncipe de este mundo, cuyos despojos vino a saquear el que era más fuerte que él. Apresurémonos, hermanos míos, a entrar en aquella vastísima morada de la bienaventuranza, en donde todos viven holgadísimos, a fin de que podamos comprender con todos los santos cuál sea su longitud y latitud, su sublimidad y profundidad. Ni desesperemos de esto, supuesto que el mismo habitador de la celestial patria, y también su Criador, no rehúsa las estrecheces de nuestro pequeño castillo.

2. Pero ¿qué digno haber entrado en un pequeño castillo si vemos que se dignó encarnarse en el estrechísimo albergue que le ofreció el seno virginal de María? *Una mujer,* dice el Evangelio, *le recibió en su casa.* Feliz mujer la que mereció recibir, no ya a los exploradores de Jericó, sino al mismo despojador fortísimo de aquel necio que verdaderamente se muda como la luna; no a los legados de Jesús, hijo de Navé, sino al verdadero Jesús Hijo de Dios. Feliz mujer, vuelvo a decir, cuya casa, habiendo recibido al Salvador, se halló limpia a la verdad, pero no vacía. Porque ¿quién dirá que está vacía aquella a quien saluda el ángel llena de gracia? Ni solo esto, sino que afirma, además, que descenderá sobre ella el Espíritu Santo. ¿A qué juzgas sino a llenarla más todavía? ¿A qué sino a que descendiendo sobre ella

el Espíritu Santo, estando ya llena de gracia, la llene todavía más y más a fin de esparcirla y derramarla abundantísimamente sobre todo el mundo? ¡Ojalá fluyan en nosotros aquellos aromas celestiales, es a saber, aquellos dones de gracias, para que todos recibamos de tanta plenitud! María es nuestra mediadora, ella es por quien recibimos, ¡oh Dios mío!, tu misericordia, por ella es por quien recibimos al Señor Jesús en nuestras casas. Porque cada uno de nosotros tiene su casa y su castillo, y la Sabiduría llama a las puertas de cada uno; si alguno la abre, entrará y cenará con él. Hay un proverbio vulgar que anda en la boca, y mucho más en el corazón de muchos: el que guarda su cuerpo, custodia un magnífico castillo. Sin embargo, el Sabio no dice así, sino más bien: *Con toda diligencia guarda tu corazón, porque de él procede la vida*[7].

3. Mas sea así y cedamos a la multitud; guarde un buen castillo el que guarda su cuerpo. Lo que necesitamos saber es qué custodia se debe aplicar a este castillo. ¿Te parecerá, por ventura, que ha guardado bien aquella alma el castillo de su cuerpo, cuyos miembros, como haciendo conjuración, entregaron su dominio a su enemigo? Porque hay quienes hicieron alianza con el infierno y concertaron pacto con la muerte. *Se dejó sumergir*, dice, *el amado en las comidas regaladas y recalcitró encrasado, lleno y*

---

[7] *Prov.* IV, 23.

dilatado[8]. Esta, justamente, es la custodia alabada por los pecadores en los deseos de su carne. ¿Qué os parece, hermanos? ¿Se deberá ceder en esta parte también a la multitud? De ningún modo. Más bien preguntaremos a Pablo, como a capitán valeroso de la espiritual milicia. Dinos, apóstol santo, ¿cuál es la custodia de tu castillo? *Yo*, dice, *así corro, no como a una cosa incierta; así peleo, no como azotando al aire. Castigo, pues, mi cuerpo y le reduzco a servidumbre, no sea acaso que, habiendo predicado a los demás, yo mismo me haga réprobo*[9] y en otro lugar: *No reine*, dice, *el pecado en vuestro cuerpo mortal para obedecer a sus concupiscencias*[10]. Útil custodia, por cierto, y dichosa el alma que guarda así su cuerpo para que nunca le conquiste el enemigo. Hubo, pues, tiempo en que había sujetado a su tiranía aquel impío este mi castillo, imperando a todos sus miembros arbitrariamente. Cuánto daño hizo en aquel tiempo lo indica la presente desolación y miseria. ¡Ay!, ni dejó en él el muro de la continencia ni el antemural de la paciencia. Exterminó las viñas, segó las mieses, desarraigó los árboles, y aun también estos mismos ojos míos robaban mi alma. En fin, si no hubiese sido porque el Señor me ayudó, poco hubiera faltado para caer en el infierno mi alma. Hablo del

---

[8] *Deut.* XXXII, 15.
[9] *I Cor.* IX, 26 y 27.
[10] *Rom.* VI, 12.

infierno inferior, en donde ninguna confesión hay y de donde a ninguno se le permite salir.

4. Con todo eso, aun entonces ni cárcel ni infierno le faltaba a mi alma. Presa desde el mismo principio de la conjuración y traición pésima, no en otra parte que en la casa propia fue entregada a la guardia de los carceleros. Ni fue entregada a otros verdugos que a los de su propia familia. Era, pues, su cárcel la conciencia, los verdugos eran la razón y la memoria, y estos ciertamente crueles, austeros y despiadados, aunque mucho menos que los que rugían preparados para devorarla y a quienes ya estaba para ser entregada. Pero, bendito sea Dios, que no me entregó como presa a sus dientes. Bendito el Señor, repito, que me visitó y rescató. Porque cuando el maligno se daba prisa para arrojarla a la cárcel del infierno y abrasar el mismo castillo con perpetuo fuego, a fin de que así se diese el justo pago a los miembros perjuros, sobrevino el que es más fuerte. Entró Jesús en el castillo, y atando al fuerte saqueó sus despojos, para que se trocaran en vasos de honor los que habían sido hasta entonces vasos de ignominia. Quebrantó las puertas de bronce e hizo pedazos los cerrojos de hierro, sacando al prisionero de la cárcel y de la sombra de la muerte. Esta su salida fue por la puerta de la confesión, puesto que esta misma es la escoba con que, limpiada la cárcel y adornada con los juncos hermosamente verdes de las prácticas regulares, se convierte de cárcel

en morada habitable. Tiene así la mujer ya su casa, tiene un lugar decente donde recibir a aquel Señor a quien está obligada por tantos beneficios. De otra *suerte*, ¡ay de ella si rehúsa recibirle, si no le detiene, si no le obliga a quedarse consigo cuando ya se acerca la noche! Porque volviendo el que antes había sido echado de ella, encontrará ciertamente la casa limpia y adornada, pero desocupada y vacía.

5. En efecto, no le quedará sino una casa vacía y desierta al alma que se haya descuidado de convertirla en hospedaje digno del Salvador. ¡Cómo!, dices, ¿podrá acontecer acaso que aquella casa limpia ya por la confesión de los anteriores delitos y adornada con la observancia de las prácticas regulares, todavía sea considerada indigna de que more en ella la gracia y de que entre en ella el Salvador? Podrá, sin duda, si solamente está limpia en la apariencia y alfombrada (como se ha dicho) con verdes juncos, permaneciendo en su interior llena de lodo. Porque ¿quién piensa que se haya de hospedar el Señor dentro de los blanqueados sepulcros de los muertos, que por defuera parecen lustrosos y en su interior están llenos de inmundicia y podredumbre? Demos que alguna vez, como complacido de su vistosa apariencia, comience a poner el pie en ella, concediendo la gracia primera de su visitación a semejante alma, ¿por ventura no se volverá atrás luego con indignación? ¿Por ventura no huirá clamando: *Me he metido en el cieno del profundo, donde*

no hay substancia alguna? Porque lo exterior de la virtud, sin la verdad de ella, es como un accidente, no substancia. Las simples apariencias de virtud no bastan para que pueda hacer su entrada en el alma Aquel que penetra todas las cosas y en lo íntimo de los corazones fija su morada. Y si de ningún modo habita el Espíritu Santo, que es maestro de la verdadera ciencia, en un cuerpo manifiestamente sujeto a los pecados, sin duda no solo se desvía del hombre fingido, sino que huye y se aleja de él. ¿Es acaso otra cosa que una execrable ficción, que solamente raigas el pecado por la superficie y en lo interior no le desarraigues? Está cierto de que brotará más abundantemente y de que el huésped maligno, que había sido echado antes, entrará de nuevo en la limpia pero vacía casa con otros siete más malos que él. El perro que vuelve al vómito será más aborrecible que antes, y se hará de muchos modos hijo del infierno el que después de la indulgencia de sus delitos caiga de nuevo en las mismas suciedades, como el puerco lavado en el revolcadero del cieno.

6. ¿Quieres ver una casa limpia, adornada y vacía? Mira a un hombre que confesó y dejó los pecados manifiestos, aun antes del juicio, y ahora mueve solas las manos a las obras de los mandatos, con un corazón totalmente árido, llevado de la costumbre, suavemente, como la becerra de Efraím, que está acostumbrada y gusta del trillo. De las cosas exteriores que valen para poco, ni una jota

se le pasa, ni un ápice, pero se traga un camello y cuela un mosquito. Porque en el corazón es siervo de la propia voluntad, adora la avaricia, anhela la gloria, aspira con ansia al honor, fomentando todos estos vicios o algunos de ellos en su interior, y se desmiente a sí misma la iniquidad, pero no es burlado Dios. Verás alguna vez de tal suerte paliado este hombre, que llega a seducirse aun a sí mismo, no atendiendo enteramente al gusano que está paciendo y destruyendo su interior. Quédale, pues, la superficie y juzga que todas sus cosas están sanas. *Comieron*, dice el profeta, *los ajenos su fuerza y lo ignoró*[11]. Él dice: Rico soy y de nada necesito, siendo pobre, mísero y miserable. Porque, en llegando la ocasión, verás brotar la materia que estaba oculta en la úlcera; verás cómo el árbol cortado, y no extirpado, se dilata en más densa maleza. Si queremos evitar semejante peligro, es necesario que apliquemos el hacha a la raíz de los árboles, no a las ramas. No se hallen, pues, en nosotros solamente las prácticas exteriores y corporales, que para poco valen, sino hállese la verdadera piedad, que es útil para todo, bien cultivada y abonada con las prácticas espirituales.

7. *Una mujer*, dice san Lucas, *llamada Marta, le recibió en su casa; tenía esta una hermana, cuyo nombre era María.* Hermanas son y deben morar

---

[11] *Os.* VII. 9.

juntas. Esta se ocupa en el ministerio de la casa, aquella está atenta a las palabras del Señor. A Marta toca el ornato de la casa, pero a María el llenarla, puesto que ella va al servicio del Señor para que no esté la casa desocupada. ¿Pero a quién asignaremos el oficio de limpiar la casa? Porque si encontrásemos también esto, sería la casa en que el Señor es recibido limpia, adornada y no vacía. Demos este cuidado a Lázaro si a vosotras también os parece así, puesto que por el derecho de hermano le es común esta casa con las hermanas. Hablo de aquel Lázaro a quien, ya de cuatro días difunto y hediendo ya, resucitó de entre los muertos la voz de la virtud, de suerte que parece con bastante congruencia mostrar en sí la imagen de un penitente. Entre, pues, el Salvador y visite frecuentemente esta casa que limpia Lázaro penitente, adorna Marta solícita y llena María dedicada a la interior contemplación.

8. Pero acaso preguntará alguno con mayor curiosidad: ¿Por qué en el presente pasaje del Evangelio no se menciona a Lázaro? Juzgo, a la verdad, que ni esto disuena de la similitud que se propone formar. Queriendo el Espíritu Santo que se entendiese aquí la casa virginal, calló muy oportunamente la penitencia, que no puede darse sin la existencia del pecado. Porque debe estar muy lejos de nosotros el decir que esta casa haya tenido jamás algo de propia inmundicia, para que, por consiguiente, fuese precisa en ella la escoba de Lázaro.

Y aunque supiéramos que contrajo de sus padres la original mancha, la piedad cristiana nos prohíbe creer que fuese menos llena del Espíritu Santo que Juan, pues no sería honrada en su nacimiento con festivas alabanzas si no naciera santa. Últimamente, constándonos sin género alguno de duda que sola la gracia hizo limpia a María del contagio original[12], al modo que también ahora en el bautismo la gracia sola lava esta mancha, como en otro tiempo la raía la piedra de la circuncisión, si, como enteramente debe la piedad creer, no tuvo María delito propio, no menos estuvo lejos de su inocentísimo corazón la penitencia. Asista, pues, Lázaro, con aquellos cuyas conciencias es necesario limpiar de las obras muertas, apártese entre los llagados que duermen en los sepulcros, para que en el aposento virginal se hallen Marta y María solamente. Ella misma es la que asistió a Isabel, estando encinta y llena de días, con humilde cuidado por el espacio como de tres meses; ella misma es la que conservaba en su memoria las cosas que se decían de su hijo, repasándolas en su corazón.

9. A nadie, pues, le haga fuerza que la mujer que recibe al Señor no se llame María, sino Marta, porque en esta única y suprema María se hallan a

---

[12] Texto clarísimo que apoya nuestra tesis de que san Bernardo negó la inmaculada concepción de la Santísima Virgen. Of. *Introducción general.* Mariología, p. 67.

un tiempo la oficiosa diligencia de Marta y el ocio nada ocioso de María. Ciertamente, toda la gloria de la hija del Rey está por dentro, pero, con todo esto, está cubierta alrededor con variedad de colores en fimbrias de oro. No es del número de las vírgenes fatuas; es virgen prudente; lámpara tiene, pero lleva también aceite en su vasija. ¿Se os ha olvidado, acaso, aquella evangélica parábola que refiere cómo a las vírgenes fatuas se les estorbó la entrada en la sala de las bodas? Estaba, ciertamente, su casa limpia, pues ellas eran vírgenes; estaba adornada, porque todas juntamente, esto es, las fatuas y las prudentes, adornaron sus lámparas; pero estaba vacía, porque no tenían aceite en sus vasijas. Por esto el celestial Esposo ni quiso ser recibido en sus casas ni recibirlas en su sala de bodas. No así aquella mujer fuerte que quebrantó la cabeza de la serpiente, porque entre otras muchas alabanzas que se le tributan, dícese de ella que *no se apagará por la noche su antorcha*[13]. Para ignominia de las vírgenes fatuas se dice esto, las cuales, viniendo a medianoche el Esposo, tardíamente se lamentan diciendo: *¡Que se apagan nuestras lámparas!*[14]. Se les adelantó, pues, la Virgen gloriosa, cuya ardentísima lámpara fue un asombro para los mismos ángeles de luz, de modo que decían: *¿Quién es esta que camina como la*

---

[13] *Prov.* XXXI, 18.
[14] *Mt.* XXV, 8.

*aurora que se levanta, hermosa como la luna, escogida
como el sol?*. Porque más claramente que las demás
brillaba aquella a quien había llenado del aceite de
la gracia sobre todos sus participantes Cristo Jesús,
Hijo suyo y Señor nuestro.

De los cuatro días de Lázaro; elogios de la Virgen[15]

1. Tiempo es ya para toda carne de hablar
cuando es llevada al cielo la Madre del Verbo encarnado, ni debe cesar en sus alabanzas la humana
mortalidad cuando sola la naturaleza del hombre
es ensalzada sobre los espíritus inmortales en la Virgen. Mas ni permite la devoción callar de su gloria,
ni puede mi pensamiento estéril concebir cosa que
sea digna, ni la puede dar a luz mi lenguaje inculto.
De aquí es que, aun los mismos príncipes de la
corte celestial, a la consideración de tanta novedad claman no sin admiración: *¿Quién es esta que
sube del desierto rebosando en delicias?*[16]. Como si
claramente dijeran: ¡Cuán grande y excelsa es esta!,
¿y de dónde le pudo venir, subiendo sin duda del
desierto, tanta afluencia de delicias? Porque no se
encuentran delicias iguales, ni aun entre nosotros,

---

[15] *PL* CLXXXIII, 425.
[16] *Cant.* VIII, 5.

a quienes en la ciudad de Dios alegra el Señor con inefables placeres, y que bebemos en el torrente de sus delicias contemplando su gloria. ¿Quién es esta que de debajo del sol, en donde nada hay sino trabajo y dolor y aflicción de espíritu, sube rebosando en delicias espirituales? ¿Qué mucho que haya llamado yo delicias al honor de la virginidad con el don de la fecundidad, a la distinguida divisa de la humildad, al panal de la caridad que destila, a las entrañas de piedad, a la plenitud de la gracia, a la prerrogativa de la singular gloria? Subiendo, pues, del desierto la reina del mundo aun para los ángeles santos, como canta la Iglesia: *Se hizo hermosa y suave en sus delicias.* Sin embargo, dejen de admirar las delicias de este desierto, porque el Señor dio su bendición y la tierra nuestra dio su fruto. ¿Para qué se admiran de que suba María de la tierra desierta rebosando en delicias? Admiren más bien a Cristo bajando pobre de la plenitud del reino celestial. Porque mucho más digno de maravilla parece que el Hijo de Dios se minore algo respecto de los ángeles, que el ser ensalzada la Madre de Dios sobre los ángeles. El anonadarse el Señor de la majestad fue para encumbrarnos a nosotros; las miserias de Él son las delicias del mundo. A más de esto, siendo rico se hizo pobre por nosotros, para que con su pobreza fuésemos enriquecidos; la misma ignominia de su cruz se ha convertido en gloria para los creyentes.

2. Más aún, yo veo a Jesús, nuestra vida, que corre presuroso hacia el monumento funerario para sacar de allí al muerto de cuatro días, sobre quien (si vuestra caridad se acuerda bien) debe versar el sermón de hoy; esto es, a Lázaro busca para ser Él buscado y hallado de Lázaro. Porque en esto está precisamente la caridad, no en que nosotros hayamos amado a Dios, sino en que Él nos amó primero. Ea, pues, Señor, busca a quien amas para hacerle a él amante de ti y diligente en buscarte. Pregunta en dónde le han puesto, puesto que yace encerrado, atado y como aplastado por la losa sepulcral. Yace en el túmulo de la conciencia, está preso con los lazos de la disciplina, está apretado como con una piedra que gravita sobre él y es oprimido con la carga de la penitencia, especialmente porque le falta por ahora el amor fuerte como la muerte y la caridad que lo soporta todo, y además, Señor, ya huele mal, puesto que hace ya cuatro días que se halla en ese estado. Sospecho que ya vuelan delante los ingenios de muchos para entender qué Lázaro sea ese de quien hablo; aquel sin duda que muerto poco ha al pecado, horadó la pared[17] a fin de ver las muchas y execrables abominaciones de su perverso e inescrutable corazón, y, según otro profeta[18], se ocultó en la caverna subterránea abierta en la roca viva a fin de substraerse a la indignación e ira del Señor.

---

[17] *Ez.* VIII, 8.
[18] *Ier.* IV, 26.

3. ¿Mas qué significan aquellas palabras: *Señor, mira que hiede, pues hace ya cuatro días que está ahí?* Acaso no entenderá cualquiera prontamente lo que significa este hedor y estos cuatro días. Yo juzgo que el primero de estos días es del temor, cuando el mal del pecado, penetrando en nuestros corazones, nos da la muerte, y en algún modo nos sepulta en el fondo de nuestras conciencias. El segundo, si no me engaño, se pasa en el trabajo del combate. A la verdad, en los principios de la conversión suele acometer más fuertemente la tentación de la mala costumbre, y apenas se pueden extinguir los dardos inflamados del enemigo. El tercero parece ser el del dolor, cuando uno repasa sus años en la amargura de su alma y no trabaja tanto en evitar lo que está por venir, cuanto en llorar con muchísimas lágrimas lo pasado. ¿Os admiráis de que he llamado días a estos? Tales eran debidos a una sepultura; unos días de niebla y de oscuridad, días de llanto y de amargura. Se sigue a estos el día de la vergüenza y confusión, muy semejante a los anteriores, cuando ya se cubre de horrible confusión esta lamentable alma, considerando atentísimamente en qué y cuánto ha delinquido, y mirando con los ojos del corazón las denegridas imágenes de sus pecados. Semejante alma nada disimula, sino que todo lo juzga, todo lo agrava, todo lo exagera; no se perdona a sí, hecha duro juez contra sí misma. Enojo útil ciertamente y crueldad digna de misericordia,

que fácilmente le concilia la divina gracia cuando el alma se llena del celo por la gloria de Dios, aun contra sí misma. Mientras tanto, ¡oh Lázaro!, sal ya afuera, no te detengas más tiempo envuelto en tanto hedor. La carne que huele mal está próxima a la podredumbre, y el que se confunde y quebranta más intensamente de lo que conviene, está cerca de la desesperación. Por tanto, Lázaro, sal afuera. Un abismo llama a otro abismo; el abismo de luz y de misericordia llama al abismo de miseria y tinieblas. Mayor es la bondad de Dios que tu iniquidad, y donde abunda el delito, Él hace sobreabundar su gracia. *Lázaro*, dice Jesús, *sal afuera*. Como si dijera más claramente: ¿Hasta cuándo te detiene la oscuridad de tu conciencia? ¿Cuánto tiempo te compungirás en tu interior con un corazón pesado? Sal afuera, anda, respira en la luz de mis misericordias. Porque esto es lo que leíste en el profeta: *Enfrenaré tu boca con mi alabanza para que no perezcas*[19]. Y más explícitamente otro profeta dice de sí: *Conturbada está interiormente mi alma, por eso me acordaré de ti*[20].

4. Mas ¿qué nos da a entender Jesús cuando dice: *Quitad la piedra;* y casi a continuación: *desatadle?* ¿Por ventura, después de la visita de la gracia que le trajo el consuelo, cesará de hacer penitencia porque

---

[19] *Is.* XLI, 9.
[20] *Ps.* XLI, 7.

se acercó a él el reino de los cielos, o desechará la enseñanza, dando acaso lugar a que el Señor se enoje y perezca él fuera del camino de la justicia? De ninguna manera haga esto. Quítese la piedra, pero permanezca la penitencia, no ya apremiando y cargando, sino antes corroborando y confirmando la mente vigorosa y robusta, siendo ya su comida lo que antes no sabía hacer, o sea, la voluntad del Señor. Así la disciplina ya no constriñe al que se halla libre, según aquello: *No hay puesta ley para los justos*[21], sino que le rige como voluntario y le dirige por el camino de la paz. Acerca de esta resurrección de Lázaro, más claramente canta el profeta: *No abandonarás mi alma, en el infierno*[22], porque, como me acuerdo haber dicho en el segundo día de esta festividad, es como un infierno y cárcel del alma la conciencia culpable. *Ni permitirás que tu santo*, es decir, aquel a quien tú mismo santificas, *vea la corrupción*. Porque está próximo a la corrupción el muerto de cuatro días, que ya comienza a oler mal. Por modo parecido el impío que se ve hundido en el abismo de sus pecados está próximo a hundirse más aún en la corrupción, sin hacer caso de nada; pero prevenido por la voz de la virtud y vivificado por ella, da gracias al Señor diciendo: *Me hiciste manifiestos los caminos de la vida y me llenarás de alegría*

---

[21] *I* Tim. I, *9.*
[22] *Ps.* XV, 10.

con la vista de tu divino rostro. Porque elevaste mi mente a la contemplación de ti mismo y sacaste del infierno mi alma cuando se congojaba sobre mí mi espíritu, mirando el semblante demasiado abominable de la conciencia propia. *Clamó Jesús,* dice el evangelista, *con grande voz: Lázaro, sal afuera*[23], con grande voz, ciertamente, no tanto elevada en el sonido cuanto magnífica en la piedad y virtud.

5. Pero ¿adónde hemos venido? Seguíamos a la Virgen que subía sobre los cielos, y ved ahí que hemos descendido con Lázaro al abismo. Del esplendor de la virtud hemos bajado al hedor de un muerto de cuatro días; inclinándose por sí misma se resbaló la oración. ¿Por qué esto, sino porque éramos llevados del peso propio y nos arrastraba tras sí una materia tanto más copiosa cuanto más familiar? Confieso mi impericia, no oculto mi gran pusilanimidad. No hay cosa, a la verdad, que más deleite, pero tampoco la hay que más me aterre, que el hablar de la gloria de la Virgen Madre. Porque, sin mencionar ahora el inefable privilegio de sus méritos y prerrogativas enteramente singulares, con tanto afecto de devoción la aman todos, como es justo; con tanta admiración la honran y la respetan, que, aunque todos emprendan hablar de ella, sin embargo todo lo que se dice de lo que es indecible, por lo mismo de que se pudo decir, es

---

[23] *Io.* XI, 43.

menos grato, agrada menos y menos se acepta. ¿Y qué mucho que dé poco gusto todo lo que de una gloria incomprensible puede comprender la mente humana? Porque si alabo yo en ella la virginidad, otras muchas vírgenes se ofrecen a mi mente después de ella. Si predico su humildad, se encontrarán acaso, aunque sean pocos, quienes, a ejemplo de su divino Hijo, se hicieron mansos y humildes de corazón. Si quiero engrandecer la muchedumbre de su misericordia, acuden a mi memoria algunos varones y también mujeres que fueron misericordiosos. Una cosa hay en la cual ni tuvo antes par ni semejante, ni la tendrá jamás, y es el haberse juntado en ella los gozos de la maternidad con el honor de la virginidad. *María,* dice Jesús, *escogió para sí la mejor parte.* Nadie duda, en efecto, que si es buena la fecundidad conyugal, todavía es mejor la castidad virginal; pues bien, supera inmensamente a las dos la fecundidad virginal o la virginidad fecunda. Privilegio es este propio de María y que no se concederá jamás a ninguna otra mujer, porque nadie se lo podrá arrebatar a ella. Es un privilegio exclusivamente suyo y por esto mismo inefable, porque así como nadie lo puede alcanzar, así tampoco nadie lo puede explicar cual se merece. ¿Y qué diremos si paramos mientes en el Hijo de quien es madre? ¿Qué lengua será capaz, aunque sea angélica, de ensalzar con dignas alabanzas a la Virgen Madre, y madre no de cualquiera, sino de Dios? Duplicada novedad, duplicada prerrogativa, duplicado milagro, pero que por modo maravilloso se armonizan digna y aptísimamente. Porque ni fue decente a la Virgen otro Hijo ni a Dios otra madre.

6. Sin embargo, si atentamente lo consideramos, veremos al punto que no solo estas dos, sino también todas las demás virtudes que, al parecer, compartía con otros, fueron en María singulares. Porque, ¿qué pureza, aunque sea la angélica, se atreverá a compararse con aquella virginidad que fue digna de ser hecha sagrario del Espíritu Santo y habitación del Hijo de Dios? Si juzgamos el precio de las cosas por lo raro de ellas, sin duda la primera mujer que resolvió observar en la tierra una vida angélica es superior a todas las demás. *¿Cómo*, dice, *podrá ser esto, porque yo no conozco varón?*[24]. ¡Qué propósito tan firme de guardar virginidad aquel que ni prometiéndole el ángel un hijo, titubeó en lo más mínimo! *¿Cómo*, dice, *podrá ser esto?*; porque yo supongo que no habrá de ser del mismo modo que suele hacerlas en las demás mujeres, puesto que yo absolutamente no conozco varón, ni con deseos de hijo ni con esperanza de sucesión.

7. Pero ¿cuán grande y cuán preciosa fue su humildad acompañada de tanta pureza, de inocencia tanta, y de una conciencia enteramente exenta de pecado, más aún, adornada con tal plenitud de gracia? ¿De dónde a ti tanta y tan profunda humildad, oh dichosa Virgen? Digna ciertamente de que

---

[24] *Lc.* I, 34.

el Señor fijara en ella su mirada, de que el Rey de reyes desease su hermosura y de que con su olor suavísimo lo atrajese a sí desde aquel eterno reposo en el paterno seno. Mira, pues, cuán manifiestamente concuerdan entre sí el cántico de nuestra Virgen y el cántico nupcial; sin duda su purísimo seno fue tálamo del divino Esposo. Escucha a María en el Evangelio: *Miró el Señor,* dice, *la humildad de su sierva.* Escucha a la misma en el cántico de los Esposos: *Cuando el Rey estaba en su reposo, mi nardo dio su olor*[25]. El nardo es una planta humilde, de flores blancas muy olorosas, por lo cual simboliza admirablemente la humildad, cuyo aroma y hermosura hallaron gracia delante de Dios.

8. Cese de ensalzar tu misericordia, ¡oh bienaventurada Virgen!, quienquiera que, habiendo invocado en sus necesidades, se acuerda de que no le has socorrido. Nosotros, siervecillos tuyos, te congratulamos a la verdad en todas las demás virtudes, pero en tu misericordia más bien nos congratulamos a nosotros mismos. Alabamos la virginidad y admiramos la humildad, pero la misericordia sabe más dulcemente a los miserables; por esto abrazamos con más amor la misericordia, nos acordamos de ella más veces y la invocamos con más frecuencia. Porque esta es la que obtuvo la salud de todo el mundo, esta la que logró la reparación del linaje

---

[25] *Cant.* I, 11.

humano. No cabe duda que anduvo solícita a favor de todo el linaje humano aquella a quien dijo el ángel: *No temas, María, porque has hallado gracia,* o sea, has hallado la gracia que buscabas. ¿Quién podrá investigar, pues, ¡oh Virgen bendita!, la longitud y latitud, la sublimidad y profundidad de tu misericordia? Porque su longitud alcanza hasta su última hora a los que la invocan. Su latitud llena el orbe de la tierra para que toda la tierra esté llena de su misericordia. En cuanto a su sublimidad, fue tan excelsa que alcanzó la restauración de la ciudad celestial, y su profundidad fue tan honda que obtuvo la redención para los que estaban sentados en las tinieblas y sombras de la muerte. Por ti se llenó el cielo, se evacuó el infierno, se instauraron las ruinas de la celestial Jerusalén, se dio la vida que habían perdido a los miserables que la aguardaban, de suerte que tu potentísima y piadosísima caridad está llena de afecto para compadecerse y de eficacia para socorrer a los necesitados; en ambas cosas es igualmente rica y exuberante.

9. A esta fuente abundosa, pues, corra sedienta nuestra alma; a este cúmulo de misericordia recurra con toda solicitud nuestra miseria. Mira ya con qué afectos te hemos acompañado, subiendo tú al Hijo, y te hemos seguido a lo menos de lejos. Virgen bendita. Que en adelante tu piedad tome a pecho el hacer manifiesta al mundo la misma gracia que hallaste con Dios, alcanzando con tu intercesión

perdón para los pecadores, remedio para los enfermos, fortaleza para los débiles de corazón, consuelo para los afligidos, amparo y libertad para los que peligran. Y en este día que celebramos con tanta solemnidad y alegría, a estos siervecillos tuyos que invocan con sus alabanzas tu dulcísimo nombre, ¡oh María!, reina piadosa, alcánzales los dones de la gracia de Jesucristo, tu Hijo y Señor nuestro, quien es sobre todas cosas Dios bendito por los siglos de los siglos. Amén.

EN EL DOMINGO DENTRO DE LA OCTAVA DE LA ASUNCIÓN DE LA BIENAVENTURADA VIRGEN MARÍA[1]

Sobre las doce prerrogativas de la bienaventurada Virgen María, según las palabras del Apocalipsis: «Un portento grande apareció en el cielo: una mujer estaba cubierta con el sol y la luna a sus pies y en su cabeza tenía una corona de doce estrellas»

1. Muchísimo daño, amadísimos, nos causaron un varón y una mujer; pero, gracias a Dios, igualmente por un varón y una mujer se restaura todo. Y no sin grande aumento de gracias. Porque no fue el don como había sido el delito, sino que excede a la estimación del daño la grandeza del beneficio. Así, el prudentísimo y clementísimo Artífice no quebrantó lo que estaba hendido, sino que lo rehizo más útilmente por todos modos, es a saber, formando un nuevo Adán del viejo y transfundiendo a Eva en María. Y, ciertamente, podía bastar Cristo, pues aun ahora toda nuestra suficiencia es de Él, pero

---

[1] *PL* CLXXXIII, 429.

no era bueno para nosotros que estuviese el hombre solo. Mucho más conveniente era que asistiese a nuestra reparación uno y otro sexo, no habiendo faltado para nuestra corrupción ni el uno ni el otro. Fiel y poderoso mediador de Dios y de los hombres es el hombre Cristo Jesús, pero respetan en él los hombres una divina majestad. Parece estar la humanidad absorbida en la divinidad, no porque se haya mudado la substancia, sino porque sus afectos están divinizados. No se canta de Él sola la misericordia, sino que también, se le canta igualmente la justicia, porque aunque aprendió, por lo que padeció, la compasión, y vino a ser misericordioso, con todo eso tiene la potestad de juez al mismo tiempo. En fin, nuestro Dios es un fuego que consume. ¿Qué mucho tema el pecador llegarse a Él, no sea que, al modo que se derrite la cera a la presencia del fuego, así perezca él a la presencia de Dios?

Así, pues, ya no parecerá estar de más la mujer bendita entre todas las mujeres, pues se ve claramente el papel que desempeña en la obra de nuestra reconciliación, porque necesitamos un mediador cerca de este Mediador y nadie puede desempeñar tan provechosamente este oficio como María. ¡Mediadora demasiado cruel fue Eva, por quien la serpiente antigua infundió en el varón mismo el pestífero veneno! ¡Pero fiel es María, que propinó el antídoto de la salud a los varones y a las mujeres! Aquella fue instrumento de la seducción, esta de la propiciación; aquella sugirió la prevaricación, esta introdujo la redención. ¿Qué recela llegar a María la fragilidad humana? Nada hay en ella austero, nada terrible; todo es suave, ofreciendo a todos leche y lana. Revuelve con cuidado toda la serie de la evangélica historia, y si acaso algo de dureza o de represión desabrida, si aun la señal de alguna indignación, aunque leve, se encuentre en María, tenía en adelante por sospechosa y recela el llegarte a ella. Pero si más bien (como es así en la verdad) encuentras las cosas que pertenecen a ella llenas de piedad y de misericordia, llenas de mansedumbre y de gracia, da las gracias a aquel Señor que con una benignísima misericordia proveyó para ti tal mediadora que nada puede haber en ella que infunda temor. Ella se hizo toda para todos; a los sabios y a los ignorantes, con una copiosísima caridad, se hizo deudora. A todos abre el seno de la misericordia, para que todos reciban de su plenitud: redención el cautivo, curación el enfermo, consuelo el afligido, el pecador perdón, el justo gracia, el ángel alegría; en fin, toda la Trinidad gloria, y la misma persona del Hijo recibe de ella la sustancia de la carne humana, a fin de que no haya quien se esconda de su calor.

¿No juzgas, pues, que esta misma es aquella mujer vestida del sol? Porque, aunque la misma serie de la visión profética demuestre que se debe entender de la presente Iglesia, esto mismo seguramente parece que se puede atribuir sin inconveniente a María. Sin duda ella es la que se vistió como de otro sol. Porque, así como aquel nace indiferentemente sobre los buenos y los malos, así también esta Señora no examina los méritos antecedentes, sino que se presenta exorable para todos, para todos clementísima, y se apiada de las necesidades de todos con un amplísimo afecto. Todo defecto está debajo de ella y supera todo lo que hay en nosotros la fragilidad y corrupción, con una sublimidad excelentísima en que excede y sobrepasa las demás criaturas, de modo que con razón se dice que la luna está debajo de sus pies. De otra suerte, no parecería que decíamos una cosa muy grande si dijéramos que esta luna estaba debajo de los pies de quien es ilícito dudar que fue ensalzada sobre todos los coros de los ángeles, sobre los querubines también y los serafines. Suele designarse en la una no solo el defecto de la corrupción, sino la necedad del entendimiento y algunas veces la Iglesia del tiempo presente; aquello, ciertamente, por su mutabilidad y la Iglesia por el esplendor que recibe de otra parte. Mas una y otra luna (por decirlo así) congruentísimamente está debajo de los pies de María, pero de diferente modo, puesto que *el necio se muda como la luna y el sabio permanece como el sol*[2]. En el sol, el calor y el esplendor son estables, mientras que en la luna hay solamente el

---

[2] *Eccli.* XXVII, 12.

esplendor, y aun este es mudable e incierto, pues nunca permanece en el mismo estado. Con razón, pues, se nos representa a María vestida del sol, por cuanto penetró el abismo profundísimo de la divina sabiduría más allá de lo que se pueda creer, de suerte que, en cuanto lo permite la condición de simple criatura, sin llegar a la unión personal, parece estar sumergida totalmente en aquella inaccesible luz, en aquel fuego que purificó los labios del profeta Isaías, y en el cual se abrasan los serafines. Así que de muy diferente modo mereció María no solo ser rozada ligeramente por el sol divino, sino más bien ser cubierta con él por todas partes, ser bañada alrededor y como encerrada en el mismo fuego. Candidísimo es, a la verdad, pero también calidísimo el vestido de esta mujer, de quien todas las cosas se ven tan excelentemente iluminadas, que no es lícito sospechar en ella nada, no digo tenebroso, pero ni oscuro en algún modo siquiera o menos lúcido, ni tampoco algo que sea tibio o no lleno de fervor.

4. Igualmente, toda necedad está muy debajo de sus pies, para que por todos modos no se cuente María en el número de las mujeres necias ni en el coro de las vírgenes fatuas. Antes bien, aquel único necio y príncipe de toda la necedad que, mudado verdaderamente como la luna, perdió la sabiduría en su hermosura, conculcado y quebrantado bajo los pies de María, padece una miserable esclavitud. Sin duda, ella es aquella mujer prometida otro tiempo

por Dios para quebrantar la cabeza de la serpiente antigua con el pie de la virtud, a cuyo calcaño puso asechanzas en muchos ardides de su astucia, pero en vano, puesto que ella sola quebrantó toda la herética perversidad. Uno decía que no había concebido a Cristo de la substancia de su carne; otro silbaba que no había dado a luz al niño, sino que le había hallado; otro blasfemaba que, a lo menos, después del parto, había sido conocida de varón; otro, no sufriendo que la llamasen Madre de Dios, reprendía impiísimamente aquel nombre grande, *Theocotos*, que significa la que dio a luz a Dios. Pero fueron quebrantados los que ponían asechanzas, fueron conculcados los engañadores, fueron confutados los usurpadores y la llaman bienaventurada todas las generaciones. Finalmente, luego que dio a luz, puso asechanzas el dragón por medio de Herodes, para apoderarse del Hijo que nacía y devorarle, porque había enemistades entre la generación de la mujer y la del dragón.

5. Mas ya, si parece que más bien se debe entender la Iglesia en el nombre de luna, por cuanto no resplandece de suyo, sino que aquel Señor que dice: *Sin mí nada podéis hacer*[3], tendremos entonces evidentemente expresada aquí aquella mediadora de quien poco ha os he hablado. *Apareció una mujer,* dice san Juan, *vestida del sol, y la luna debajo de sus*

---

[3] *Io.* XV, 5.

pies[4]. Abracemos las plantas de María, hermanos míos, y postrémonos con devotísimas súplicas a aquellos pies bienaventurados. Retengámosla y no la dejemos partir hasta que nos bendiga, porque es poderosa. Ciertamente, el vellocino colocado entre el rocío y la era, y la mujer entre el sol y la luna, nos muestran a María, colocada entre Cristo y la Iglesia. Pero acaso no os admira tanto el vellocino saturado de rocío como la mujer vestida del sol, porque si bien es grande la conexión entre la mujer y el sol con que está vestida, todavía residía más sorprendente la adherencia que hay entre ambos. Porque ¿cómo en medio de aquel ardor tan vehemente pudo subsistir una naturaleza tan frágil? Justamente te admiras, Moisés santo, y deseas ver más de cerca esa estupenda maravilla; pero para conseguirlo debes quitarte el calzado y despojarte enteramente de toda clase de pensamientos carnales. *Iré a ver, dice, esta gran maravilla*[5]. Gran maravilla, ciertamente, una zarza ardiendo sin quemarse, gran portento una mujer que queda ilesa estando cubierta con el sol. No es de la naturaleza de la zarza el que esté cubierta por todas partes de llamas y permanezca con todo eso sin quemarse; no es poder de mujer el sostener un sol que la cubre. No es de virtud humana, pero ni de la angélica seguramente. Es

---

[4] *Apoc.* XVII, 1.
[5] *Ex.* III, 3.

necesaria otra más sublime. *El Espíritu Santo,* dice, *sobrevendrá en ti*[6]. Y como si respondiese ella: Dios es espíritu y nuestro Dios es un fuego que consume. *La virtud,* dice, no la mía, no la tuya, sino *la del Altísimo, te hará sombra.* No es maravilla, pues, que debajo de tal sombra sostenga también una mujer vestido tal.

6. *Una mujer,* dice, *cubierta con el sol.* Sin duda cubierta de luz como de un vestido. No lo percibe acaso el carnal: sin duda es cosa espiritual, necedad le parece. No parecía así al apóstol, quien decía: *Vestíos del Señor Jesucristo*[7]. ¡Cuán familiar de Él fuiste hecha, Señora! ¡Cuán próxima, más bien, cuán íntima mereciste ser hecha! ¡Cuánta gracia hallaste en Dios! En ti está y tú en Él: a Él le vistes y eres vestida por Él. Le vistes con la substancia de la carne y Él te viste con la gloria de la majestad suya. Vistes al sol de una nube y eres vestida tú misma de un sol. Porque una cosa nueva hizo Dios sobre la tierra, y fue que una mujer rodease a un varón, que no es otro que Cristo, de quien se dice: *He ahí un varón; Oriente es su nombre*[8]; una cosa nueva hizo también en el cielo, y fue que apareciese una mujer cubierta con el sol. Finalmente, ella le coronó y mereció también ser coronada por Él. Salid, hijas de Sión, y

---

[6] *Lc.* I, 35.
[7] *Rom.* XIII, 14.
[8] *Zach* VI, 12.

ved al rey Salomón en la diadema con que le coronó su Madre. Pero esto para otro tiempo. Entre tanto, entrad, más bien, y ved a la reina en la diadema con que la coronó su Hijo.

7. *En su cabeza,* dice, *tenía una corona de doce estrellas.* Digna, sin duda, de ser coronada con estrellas aquella cuya cabeza, brillando mucho más lucidamente que ellas, más bien las adornará que será por ellas adornada. ¿Qué mucho que coronen los astros a quien viste el sol? *Como en los días de primavera,* dice, *la rodeaban las flores de los rosales y las azucenas de los valles.* Sin duda la mano izquierda del Esposo está puesta bajo su cabeza y ya su diestra la abraza. ¿Quién apreciará estas piedras? ¿Quién dará nombre a estas estrellas con que está fabricada la diadema real de María? Sobre la capacidad del hombre es dar idea de esta corona y explicar su composición. Con todo eso, nosotros, según nuestra cortedad, absteniéndonos del peligroso examen de los secretos, podremos acaso sin inconveniente entender en estas doce estrellas doce prerrogativas de gracias con que María singularmente está adornada. Porque se encuentran en María prerrogativas del cielo, prerrogativas del cuerpo y prerrogativas del corazón; y si este ternario se multiplica por cuatro, tenemos quizá las doce estrellas con que la real diadema de María resplandece sobre todos. Para mí brilla un singular resplandor, primero, en la generación de María; segundo, en la salutación del

ángel; tercero, en la venida del Espíritu Santo sobre
ella; cuarto, en la indecible concepción del Hijo de
Dios. Así, en estas mismas cosas también resplandece un soberano honor, por haber sido ella la pri-
miceria de la virginidad, por haber sido fecunda sin
corrupción, por haber estado encinta sin opresión,
por haber dado a luz sin dolor. No menos también
con un especial resplandor brillan en María la mansedumbre del pudor, la devoción de la humildad,
la magnanimidad de la fe, el martirio del corazón.
Cuidado vuestro será mirar con mayor diligencia
cada una de estas cosas. Nosotros habremos satisfe-
cho, al parecer, si podemos indicarlas brevemente.

8. ¿Qué es, pues, lo que brilla, comparable con
las estrellas, en la generación de María? Sin duda
el ser nacida de reyes, el ser de sangre de Abraham, el
ser de la generosa prosapia de David. Si esto parece
poco, añade que se sabe fue concedida por el cielo
a aquella generación por el privilegio singular de
santidad, que mucho antes fue prometida por Dios
a estos mismos Padres, que fue prefigurada con
misteriosos prodigios, que fue prenunciada con
oráculos proféticos. Porque a esta misma señalaba
anticipadamente la vara sacerdotal cuando floreció
sin raíz, a esta el vellocino de Gedeón cuándo en
medio de la era seca se humedeció, a esta la puerta
oriental en la visión de Ezequiel, la cual para ninguno estuvo patente jamás. Esta era, en fin, la que
Isaías, más claramente que todos, ya la prometía

como vara que había de nacer de la raíz de Jesé, ya, más manifiestamente, como virgen que había de dar a luz. Con razón se escribe que este prodigio grande había aparecido en el cielo, pues se sabe haber sido prometido tanto antes por el cielo. *El Señor dice: Él mismo os dará un prodigio. Ved que concebirá una virgen.* Grande prodigio dio, a la verdad, porque también es grande el que le dio. ¿En qué vista no reverbera con la mayor vehemencia el brillo resplandeciente de esta prerrogativa? Ya, en haber sido saludada por el ángel tan reverente y obsequiosamente, que podía parecer que la miraba ya ensalzada con el solio real sobre todos los órdenes de los escuadrones celestiales y que casi iba a adorar a una mujer el que solía hasta entonces ser adorado gustosamente por los hombres, se nos recomienda el excelentísimo mérito de nuestra Virgen y su gracia singular.

9. No menos resplandece aquel nuevo modo de concepción, por el cual, no en la iniquidad, como las demás mujeres, sino sobreviniendo el Espíritu Santo, sola María concibió y de sola la santificación. Pero el haber engendrado ella al verdadero Dios y verdadero Hijo de Dios, para que uno mismo fuese Hijo de Dios y de los hombres y uno absolutamente. Dios y hombre, naciese de María, abismo es de luz; ni diré fácilmente que aun la vista del ángel no se ofusque a la vehemencia de este resplandor. En lo demás, evidentemente, se ilustra la virginidad

por la novedad del mismo propósito de la virginidad por la novedad del mismo propósito, puesto
que, elevándose en la libertad de espíritu sobre los
decretos de la ley de Moisés, ofreció a Dios con voto
la inmaculada santidad de cuerpo y de espíritu juntamente. Prueba la inviolable firmeza de su propósito el haber respondido tan firmemente al ángel
que la prometía un hijo: *¿Cómo se hará esto, porque
yo no conozco varón?* Acaso por eso se turbó en sus
palabras y pensaba qué salutación sería esta, porque había oído que la llamaban bendita entre las
mujeres la que siempre deseaba ser bendita entre
las vírgenes. Y desde aquel punto, ciertamente, pensaba qué salutación sería esta, porque ya parecía ser
sospechosa. Mas luego que en la promesa de un hijo
aparecía el peligro manifiesto de la virginidad, ya
no pudo disimular más ni dejar de decir: *¿Cómo se
hará esto, porque yo no conozco varón?* Por tanto, con
razón mereció aquella bendición y no perdió esta,
para que así sea mucho más gloriosa la virginidad
por la fecundidad y la fecundidad por la virginidad
y parezcan ilustrarse mutuamente estos dos astros
con sus rayos. Pues el ser virgen cosa grande es, pero
ser virgen madre, por todos modos es mucho más.
Con razón también sola ella no sintió aquel moles-
tísimo tedio con que todas las mujeres embarazadas
son afligidas, pues ella sola concibió sin libidinoso
deleite. Por lo cual, en el mismo principio de la
concepción, cuando principalmente son afligidas

miserablemente las demás mujeres, María con toda presteza sube a las montañas para asistir a Isabel. Subió también a Belén, estando ya cercano el parto, llevando aquel preciosísimo depósito, llevando aquel peso dulce, llevando a quien la llevaba. Así también, en el mismo parto, de cuánto esplendor es el haber dado a luz con un gozo nuevo la nueva prole, siendo sola ella entre las mujeres ajena a la común maldición y al dolor de las que dan a luz. Si el precio de las cosas se ha de juzgar por lo raro de ellas, nada se puede hallar más raro que estas. Puesto que en todas ellas ni se vio tener primera semejante ni segunda. De todo esto, si fielmente lo miramos, sin duda concebiremos admiración; pero y veneración también, devoción y consolación.

10. Mas lo que todavía resta considerar pide imitación. No es para nosotros el ser antes del nacimiento prometidos prodigiosamente de tantos y tan varios modos ni el ser prenunciados desde el cielo, ni tampoco el ser honrados por el arcángel Gabriel con los obsequios de tan nueva salutación. Mucho menos nos comunican las otras dos cosas a nosotros; ciertamente su secreto es para sí. Porque solo ella es de quien se dice: *Lo que en ella ha nacido es del Espíritu Santo*[9]. Sola ella es a quien se dice: *Lo santo que nacerá de ti se llamará Hijo*

---

[9] Mt. I, 20.

de Dios[10]. Sean ofrecidas al Rey las vírgenes, pero después de ella, porque ella sola reserva para sí la primacía. Mucho más, ella sola concibió al hijo sin corrupción, le llevó sin opresión, le dio a luz sin dolor. Así, nada de esto se exige de nosotros, pero, ciertamente, se exige algo. Porque por ventura, si también nos falta a nosotros la mansedumbre del pudor, la humildad del corazón, la magnanimidad de la fe, la compasión del ánimo, ¿excusará nuestra negligencia la singularidad de estos dones? Agraciada piedra en la diadema, estrella resplandeciente en la cabeza es el rubor en el semblante del hombre vergonzoso. ¿Piensa acaso alguno que careció de esta gracia la que fue llena de gracias? Vergonzosa fue María. Del Evangelio lo probamos. Porque ¿en dónde se ve que fuese alguna vez locuaz, en dónde se ve que fuese presuntuosa? Solicitando hablar al hijo se estaba afuera, ni con la autoridad que tenía de madre interrumpió el sermón o se entró por la habitación en que el hijo estaba hablando. En toda la serie, finalmente, de los cuatro Evangelios (si bien me acuerdo) no se oye hablar a María sino cuatro veces. La primera al ángel, pero cuando ya una y dos veces la había él hablado; la segunda a Isabel, cuando la voz de su salutación hizo saltar de gozo a Juan en el vientre; y, alabando entonces Isabel a María, cuidó ella más bien de alabar al Señor; la

---

[10] *Lc.* I, 35.

tercera al Hijo, cuando era ya de doce años, porque ella misma y su padre le habían buscado llenos de dolor; la cuarta, en las bodas, al Hijo y a los ministros. Y estas palabras, sin duda, fueron índice certísimo de su congénita mansedumbre y vergüenza virginal. Puesto que, reputando suyo el empacho de otros, no pudo sufrir, no pudo disimular que les faltase vino. A la verdad, luego que fue increpada por el Hijo, como mansa y humilde de corazón, no respondió, pero ni con todo eso desesperó, avisando a los ministros que hiciesen lo que Él les dijese.

11. Y después de haber nacido Jesús en la cueva de Belén, ¿acaso no leemos que vinieron los pastores y encontraron la primera de todos a María? *Hallaron*, dice el evangelista, *a María y a José, y al infante puesto en el pesebre*. También los Magos, si hacemos memoria, no sin María su Madre encontraron al Niño, y cuando ella introdujo en el templo del Señor al Señor del templo, muchas cosas ciertamente oyó a Simeón, así relativas a Jesús como a sí misma, pero, como siempre, se mostró tarda en hablar y solícita en escuchar. *María conservaba todas estas palabras, ponderándolas en su corazón*[11]; y en todas estas circunstancias no profieren sus labios una sola palabra acerca del sublime misterio de la encarnación del Señor. ¡Ay de nosotros, que parece tenemos el espíritu en las narices! ¡Ay de

---

[11] *Lc.* II, 19.

nosotros, que echamos afuera todo nuestro espíritu, y que, según aquello del cómico[12], llenos de hendiduras nos derramamos por todas partes! ¡Cuántas veces oyó María a su Hijo, no solo hablando a las turbas en parábolas, sino descubriendo aparte a sus discípulos el misterio del reino de Dios! ¡Le vio haciendo prodigios, le vio pendiente de la cruz, le vio expirando, le vio cuando resucitó, le vio, en fin, ascendiendo a los cielos! Y en todas estas circunstancias, ¿cuántas veces se menciona haber sido oída la voz de esta pudorosísima Virgen, cuántas el arrullo de esta castísima y mansísima tórtola? Últimamente leemos en los Hechos de los Apóstoles que los discípulos, volviendo del monte Olivete, perseveraban unánimemente en la oración. ¿Quiénes? Hallándose presente allí María, parece obvio que debía ser nombrada la primera, puesto que era superior a todos, así por la prerrogativa de su divina maternidad como por el privilegio de su santidad. *Pedro y Andrés*, dice, *Santiago y Juan*, y los demás que se siguen. *Todos los cuales perseveraban juntos en oración con las mujeres, y con María, la madre de Jesús*[13]. Pues ¿qué?, ¿se portaba acaso María como la última de las mujeres, para que se la pusiese en el postrer lugar? Cuando los discípulos, sobre los cuales aún no había bajado el Espíritu Santo, porque

---

[12] Terencio, *Eunuco,* I, 2, 25.
[13] *Act, I,* 14 y 15.

Jesús no había sido aún glorificado, suscitaron entre sí la contienda acerca de la primacía en el reino de Cristo, obraron guiados por miras humanas; todo al revés lo hizo María, pues siendo la mayor de todos y en todo, se humilló en todo y más que todos. Con razón, pues, fue constituida la primera de todos, la que siendo en realidad la más excelsa escogía para sí el último lugar. Con razón fue hecha Señora de todos la que se portaba como sierva de todos. Con razón, en fin, fue ensalzada sobre todos los coros de los ángeles la que con inefable mansedumbre se abatía a sí misma debajo de las viudas y penitentes, y aun debajo de aquella de quien habían sido lanzados siete demonios. Ruégoos, hijos amados, que imitéis esta virtud; si amáis a María, si anheláis agradarla, imitad su modestia. Nada dice tan bien al hombre, nada es tan conveniente al cristiano y nada es tan decente al monje en especial.

12. Y sin duda que bastante claramente se deja ver en la Virgen, por esta misma mansedumbre, la virtud de la humildad con la mayor brillantez. Verdaderamente, colactáneas son la mansedumbre y la humildad, confederadas más íntimamente en aquel Señor que decía: *Aprended de mí, que soy manso y humilde de corazón*[14]. Porque así como la altivez es madre de la presunción, así la verdadera mansedumbre no procede sino de la verdadera

---

[14] *Mt.* XI, 19.

humildad. Mas ni solo en el silencio de María se recomienda su humildad, sino que resuena todavía más elocuentemente en sus palabras. Había oído: *Lo santo que nacerá de ti se llamará Hijo de Dios*[15], y no responde otra cosa sino que es la sierva de Él. De aquí llega la visita a Isabel, y al punto se le revela a esta por el espíritu la singular gloria de la Virgen. Finalmente, admiraba la persona de quien venía, diciendo: *¿De dónde a mí esto, que venga a mi casa la madre de mi Señor?* Ensalzaba también la voz de quien la saludaba, añadiendo: *Luego que sonó la voz de tu salutación en mis oídos, saltó de gozo el infante en mi vientre.* Y alababa la fe de quien había creído diciendo: *Bienaventurada tú que has creído, porque en ti serán cumplidas las cosas que por el Señor se te han dicho.* Grandes elogios, sin duda, pero también su devota humildad, no queriendo retener nada para sí, más bien lo atribuye todo a aquel Señor cuyos beneficios se alababan en ella. Tú, dice, engrandeces a la Madre del Señor, pero mi alma *engrandece al Señor*. Dices que a mi voz saltó de gozo el párvulo, pero *mi espíritu se llenó de gozo en Dios, que es mi salud,* y él mismo también, como amigo del Esposo, se llena de gozo a la voz del Esposo. *Bienaventurada me llamas porque he creído,* pero la causa de mi fe y de mi dicha es haberme mirado la piedad suprema, a fin de que por eso me llamen bienaventurada las

---

[15] Lc. I, 35.

naciones todas, porque se dignó Dios mirar a esta su sierva pequeña y humilde.

13. Sin embargo, ¿creéis acaso, hermanos, que santa Isabel errase en lo que, iluminada por el Espíritu Santo, hablaba? De ningún modo. Bienaventurada ciertamente era aquella a quien miró Dios, y bienaventurada la que creyó, porque su fe fue el fruto sublime que produjo en ella la vista de Dios. Pues por un inefable artificio del Espíritu Santo, a tanta humildad se juntó tanta magnanimidad en lo íntimo del corazón virginal de María, para que (como dijimos antes de la integridad y fecundidad) se volvieran igualmente estas dos estrellas más claras por la mutua correspondencia, porque ni su profunda humildad disminuyó su magnanimidad ni su excelsa magnanimidad amenguó su humildad, sino que, siendo en su estimación tan humilde, era no menos magnánima en la creencia de la promesa, de suerte que aunque no se reputaba a sí misma otra cosa que una pequeña sierva, de ningún modo dudaba que había sido escogida para este incomprensible misterio, para este comercio admirable, para este sacramento inescrutable, y creía firmemente que había de ser luego verdadera madre del que es Dios y hombre. Tales son los efectos que en los corazones de los escogidos causa la excelencia de la divina gracia, de forma que ni la humildad los hace pusilánimes ni la magnanimidad arrogantes, sino que estas dos virtudes más bien se ayudan

mutuamente, para que no solo ninguna altivez se introduzca por la magnanimidad, sino que por ella principalmente crezca la humildad; con esto se vuelven ellos mucho más timoratos y agradecidos al dador de todas las gracias y al propio tiempo evitan que tenga entrada alguna en su alma la pusilanimidad con ocasión de la humildad, porque cuanto menos suele presumir cada uno de su propia virtud, aun en las cosas mínimas, tanto más en cualesquiera cosas grandes confía en la virtud divina.

14. El martirio de la Virgen ciertamente (que entre las estrellas de su diadema, si os acordáis, nombramos la duodécima) está expresado así en la profecía de Simeón como en la historia de la pasión del Señor. *Está puesto este,* dice Simeón al párvulo Jesús, *como blanco, al que contradecirán, y a tu misma alma* (decía a María) *traspasará la espada*[16]. Verdaderamente, ¡oh madre bienaventurada!, traspasó tu alma la espada. Ni pudiera ella penetrar el cuerpo de tu hijo sin traspasarla. Y, ciertamente, después que expiró aquel tu Jesús (de todos, sin duda, pero especialmente tuyo) no tocó su alma la lanza cruel que abrió (no perdonándole aun muerto, a quien ya no podía dañar) su costado, pero traspasó seguramente la tuya. Su alma ya no estaba allí, pero la tuya, ciertamente, no se podía de allí arrancar. Tu alma, pues, traspasó la fuerza del dolor, para que no

---

[16] *Lc.* II. 34 y 35.

sin razón te prediquemos más que mártir, habiendo sido en ti mayor el afecto de compasión que pudiera ser el sentido de la pasión corporal.

15. ¿Acaso no fue para ti más que espada aquella palabra que traspasaba en la realidad el alma que llegaba hasta la división del alma y del espíritu: *Mujer, mira tu hijo?*[17] ¡Oh trueque! Te entregan a Juan en lugar de Jesús, el siervo en lugar del Señor, el discípulo en lugar del Maestro, el hijo del Zebedeo en lugar del Hijo de Dios, un hombre puro en lugar del Dios verdadero. ¿Cómo no traspasaría tu afectuosísima alma el oír esto, cuando quiebra nuestros pechos, aunque de piedra, aunque de hierro, sola la memoria de ello? No os admiréis, hermanos, de que sea llamada María mártir en el alma. Admírese el que no se acuerde haber oído a Pablo contar entre los mayores crímenes de los gentiles el haber vivido sin tener afecto. Lejos estuvo esto de las entrañas de María, lejos esté también de sus humildes siervos. Mas acaso dirá alguno: ¿Por ventura no supo anticipadamente que su Hijo había de morir? Sin duda alguna. ¿Por ventura no esperaba que luego iba a resucitar? Con la mayor confianza. Y a pesar de esto, ¿se dolió de verle crucificado? Y en gran manera. Por lo demás, ¿quién eres tú, hermano, o qué sabiduría es la tuya, que admiras más a María compaciente que al Hijo de María paciente? Él pudo morir en

---

[17] *Io.* XIX, 26.

el cuerpo, ¿y María no pudo morir juntamente en el corazón? Realizó aquello una caridad superior a toda otra caridad; también hizo esto una caridad que después de aquella no tuvo par ni semejante. Y ahora, ¡oh Madre de misericordia!, postrada humildemente a tus pies, como la luna, te ruega la Iglesia con devotísimas súplicas que, pues estás constituida mediadora entre ella y el Sol de justicia, por aquel sincerísimo afecto de tu alma le alcances la gracia de que en tu luz llegue a ver la luz de ese resplandeciente Sol, que te amó verdaderamente más que a todas las demás criaturas y te adornó con las más preciosas galas de la gloria, poniendo en tu cabeza la corona de hermosura. Llena estás de gracia, llena del celestial rocío, sustentada por el amado y rebosando en delicias. Alimenta hoy, Señora, a tus pobres; los mismos cachorrillos también coman de las migajas que caen de la mesa de su Señor; no solo al criado de Abraham, sino también a sus camellos dales de beber de tu copiosa cántara de agua, porque tú eres verdaderamente aquella doncella anticipadamente elegida y preparada para desposarse con el Hijo del Altísimo, el cual es sobre todas cosas Dios bendito por los siglos de los siglos. Amén.

ESTE LIBRO, PUBLICADO POR
EDICIONES RIALP, S. A.,
MANUEL URIBE 13-15, 28033 MADRID,
SE TERMINÓ DE IMPRIMIR EN
ANZOS, S. L., FUENLABRADA (MADRID),
EL DÍA 17 DE FEBRERO DE 2026.